KNOBLAUCH

www.fona.ch

Lektorat Léonie Schmid

Konzept und Gestaltung FonaGrafik, Stephanie Steimer

Foodbilder Andreas Thumm, Freiburg i. Br.

Stimmungsbilder Keystone (S. 8, 18, 21, 23, 29. 30, 32, 35, 39, 41, 44, 47, 48, 119)
Markus und Katja Bucher, Grossaffoltern (S. 24, 27)
Andreas Thumm, Freiburg i. Br. (S. 10, 30, 31, 51)
Beat Ernst, Basel (S. 17)

Druck Druckerei Uhl, Radolfzell

ISBN 978-3-03780-443-8

Erica Bänziger

Knoblauch

eine Liebeserklärung

FONA

Dank

Ich bin mit dem Fona Verlag seit vielen Jahren freundschaftlich verbunden und durfte viele mir wichtige Themen, darunter auch viele Primeurs, herausgeben. Der Knoblauch war eines meiner Wunschthemen.
Kochbücher leben von schönen Foodbildern. Andreas Thumm gelingt es stets, meine Gerichte richtig «in Szene» zu setzen. Das Fotoshooting im Tessin fand in aufgeräumter Stimmung und bei wirklich intensivem Knoblauchduft statt.

Widmung

Dieses Buch ist meiner Mutter gewidmet, die mir die Leidenschaft für den Knoblauch vorgelebt hat. Ich widme es aber auch allen Knoblauchfans und Knoblauchproduzenten und nicht zuletzt meinen beiden kleinen Söhnen Filippo und Oliver, welche die Rezepte mit Freude und Genuss getestet haben.

Inhaltsverzeichnis

Wo nicht anders erwähnt, sind die Rezepte für 4 Personen berechnet.

Abkürzungen
EL gestrichener Esslöffel
TL gestrichener Teelöffel
dl Deziliter
ml Milliliter
Msp Messerspitze

AULX . VIOLET
10,€ la TRESSE
NOUVEL
AULX ROSE
14,50 €

Vorwort

Beim Knoblauch weiß man wirklich nicht, ob man zuerst das hohe Lied auf seine kulinarischen Vorzüge anstimmen oder die vielen gesundheitlichen Vorzüge aufzählen soll. Die beiden halten sich die Waage.

Der Knoblauch ist eine der ältesten Kultur- und Heilpflanzen. Ohne ihn hätten zum Beispiel die Pyramidenbauer ihre Höchstleistung kaum vollbringen können. Die Knolle schützt nachweislich vor Viren, Bakterien und Pilzen, sie beeinflusst die Cholesterinwerte günstig, sie schützt das Herz und macht geistig fit. Die sekundären Pflanzenstoffe haben eine stark antioxitative Wirkung. Günstiger kann ein Anti-Aging-Mittel nicht sein.

Der Knoblauch hatte in meiner Küche schon immer einen großen Stellenwert. Ich möchte auf ihn genauso wenig verzichten wie auf das Salz in der Suppe. Und genau wie beim Salz rate ich bei rohem Knoblauch wegen seiner Schärfe jeweils zu einer wohl dosierten Menge. Anders bei gegartem Knoblauch, hier kann und soll man aus dem Vollen schöpfen.

Der Knoblauchzopf beim Eingang zu meiner Wohnung sagt alles: Da ist ein Knoblauchfan zu Hause. Meine beiden kleinen Söhne teilen übrigens meine Knoblauch-Leidenschaft. Früh übt sich!

Herzlich

Erica Bänziger

BOTANIK

Botanik

KNOBLAUCH

Allium sativum

Synonyme
Knobloch, Knoblich, Knufloch, Knofel,
Knoflak, Gruserich, Look

Sprachen
Französisch: Ail
Italienisch: Aglio
Englisch: Garlic
Altes Testament (Juden): Schumin
Griechen: Skordon
Römer: Allium

Der Knoblauch ist ein Lauchgewächs. Die mehrjährige Pflanze wird bis 90 cm hoch. Sie hat flache, breit-linealische graugrüne bis bläulich blaue Blätter. Auf dem verholzenden, röhrenförmigen Stängel sitzen zahlreiche kleine rötlichweiße Blüten (sie sind essbar) und Brutzwiebelchen, welche eine Scheindolde bilden. Die in der Erde liegende Zwiebel besteht aus bis 15 cm großen, länglichen, eiförmigen Nebenzwiebelchen, von denen jedes einzelne von mehreren silberweißen Häutchen umhüllt ist. Knoblauch wird generativ, das heißt über die Zehen (wachsen im Boden) oder Brutzwiebelchen (wachsen am Stängel) vermehrt.
Als Gewürz werden die botanisch als Zwiebeln bezeichneten Knoblauchknollen verwendet. Die Zwiebel ist ein unterirdisches Speicherorgan, das sich aus Blättern bildet.

«Beim Knoblauch weiß man nie, woran man zuerst denken soll: an Küche oder Apotheke, an Gewürz oder Arznei, an den Magen oder an Magie.»

BOTANISCHER NAME

Allium sativum ist der lateinische Name des Knoblauchs. Der Name könnte auf die Kelten zurückgehen oder er hat möglicherweise lateinische Wurzeln. Sativum bedeutet Ernte und kultivieren. Der deutsche Name Knoblauch ist aus dem hochdeutschen Wort klioban abgeleitet und bedeutet spalten.

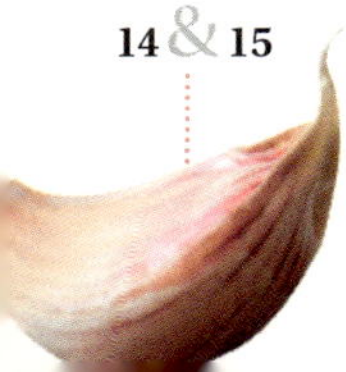

INHALTSSTOFFE

Frischer Knoblauch enthält ca. 65 % Wasser, 6,1 % Eiweiß, 0,1 % Fett, ca. 28,4 % Kohlenhydrate, 1,4 % Mineralstoffe (Kalium, Magnesium, Calcium, Mangan, Eisen, Zink, Jod, Selen, Molybdän), ferner Vitamine (E, B_1, B_2 und C), 0,1 bis 0,4 % ätherisches Öl mit hauptsächlich Diallyldisulfid (60 %), Diallyltrisulfid (20 %), Ajoen und geringere Mengen anderer Di- und Polysulfide sowie organische Schwefelverbindungen.

Bei den sekundären Pflanzenstoffen ist insbesondere das Allicin zu erwähnen, eine schwefelhaltige Verbindung. Sie ist hauptsächlich für den stechenden Geruch verantwortlich, welcher bei einer Zellschädigung (schneiden, pressen) sofort durch ein im Knoblauch enthaltenes Enzym (Allinase) aus Alliin gebildet wird. Seine biologische Funktion ist das Vertreiben von Fressfeinden. Beim Erhitzen respektive beim Erwärmen des Knoblauchs entsteht aus Allicin eine weitere Substanz, das Ajoen, welches antibakteriell, antibiotisch und antimykotisch wirkt. Deshalb ist auch gekochter Knoblauch antibiotisch, jedoch abgeschwächt.

Der Knoblauch ist reich an Selen. Gewisse Quellen attestieren ihm sogar die höchste Selenkonzentration unter den Nahrungsmitteln. Selen ist stark antioxidativ. Gleiches gilt für Molybdän, Zink und die Vitamine. Die Hormone haben eine ähnlich Wirkung wie männliche und weibliche Sexualhormone, was die aphrodisierende Wirkung des Knoblauchs erklärt. Lithium, ein sehr seltenes Spurenelement, wird bei Depressionen eingesetzt. Germanium (ätherisches Öl) verlangsamt den Alterungsprozess.

Damit die gesundheitlichen Vorteile des Knoblauchs ausgeschöpft werden können, lässt man die gepressten Zehen am besten 30 Minuten liegen, damit sich das Enzym Allinase voll entfalten kann. In der Gesundheitsprävention werden 4 g frischer Knoblauch (2 bis 3 Zehen) täglich empfohlen.

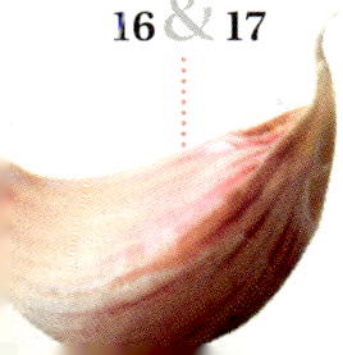

Geschichte

RUND UM DEN ERDBALL ZU HAUSE

Den Knoblauch kennt die Menschheit vermutlich seit der Jungsteinzeit. Die Knolle ist auch heute noch in fast allen Kulturen rund um den Erdball ein Nahrungsmittel beziehungsweise ein Gewürz.

Die Heimat des Knoblauchs ist Zentralasien, genauer die Steppen in Innerasien. In China, Indien, Japan und im Orient ist der Knoblauch eine alte Kultur- und Heilpflanze.

Die Knoblauchzwiebeln wurden vermutlich vor 6000 Jahren in Vorderasien erstmals kultiviert. Später kam der Knoblauch über den Mittelmeerraum ins übrige Europa.

Abbildungen von Knoblauch in den Grabkammern im alten Ägypten stammen aus der Zeit 3200 v. Chr. In Ägypten wurde der Knoblauch um 2000 v. Chr. angebaut und galt als wichtiges Mittel zur Stärkung der Arbeiter und Flößer, die beim Bau der Pyramiden und der Tempel Schwerstarbeit leisteten. In China war der Knoblauch bereits 2000 v. Chr. fester Bestandteil der Nahrung.

Ein medizinischer Papyrus aus Ägypten, der rund 1500 v. Chr. entstand, listet zweiundzwanzig Rezepte mit Knoblauch auf, die bei Beschwerden wie Kopfweh, Herzproblemen bis zur körperlichen Schwäche Linderung brachten.

Auch auf Kreta und in den Ruinen von Pompeji fand man bei Ausgrabungen Spuren, die auf die heilkundliche Verwendung von Knoblauch schließen lassen.

Für den großen Phytagoras war der Knoblauch schlicht der König der Gewürze.

Stark riechender Knoblauch schützt vor Geistern, Dämonen und dem Teufel. Die Menschen hatten früher einen Knoblauchzopf bei der Haustür aufgehängt oder ein Amulett getragen.
Ich hänge meinen Knoblauchzopf auch heute noch gerne im Freien auf, da er dort schlicht und einfach lange frisch bleibt und eine schöne Dekoration ist; in der Küche trocknet er im Winter viel zu schnell aus.

OHNE KNOBLAUCH KEINE PYRAMIDE

Wohl am bekanntesten als fleißige Knoblauchesser waren in der Geschichte sicher die Erbauer der berühmten Cheopspyramide in Gizeh. Gemäß den Aufzeichnungen des Geschichtsschreibers Herodet war der Knoblauch zusammen mit der Zwiebel und dem Rettich sogar ein Hauptnahrungsmittel. Die Menschen erhielten stets ihre Ration, auch wenn es pro Tag vermutlich nur eine Zehe war. Wenn es weniger gab, legten die Sklaven sogar die Arbeit nieder. Der Knoblauch hatte eine gute Wirkung und war erst noch preisgünstig. Er machte Bakterien, Parasiten, Läusen und Pilzen den Garaus. Der Knoblauch galt aber auch als gutes Stärkungsmittel. Auch das dürfte ein weiterer Grund für die Herrscher gewesen sein, ihren Sklaven den Knoblauch zu geben.

In Ägypten war der Knoblauch eine heilige Pflanze, darum begleiteten Knoblauchknollen die Pharaonen auf ihrer letzten Reise. Der Knoblauch war auch eine beliebte Opfergabe.

GRIECHEN, RÖMER & CO.

Die vielseitige Heilwirkung des Knoblauchs war beiden Völkern bekannt. Vor dem Besuch des Tempels war es allerdings untersagt, Knoblauch zu essen, weil die Götter den Geruch nicht mochten.

Die Griechen attestierten dem Knoblauch, er verhelfe zu einem klaren Geist, zudem sättige und stärke er den Körper und die Manneskraft und vertreibe Parasiten.

In der Antike empfahl der Arzt Diskurides den Knoblauch als Medizin. Unter anderem wurde er zur Behandlung von Bisswunden, gegen Haarausfall, bei Hautausschlägen, bei Menstruationsstörungen sowie allgemein zum Entgiften und gegen die Pest eingesetzt. Zu Kriegszeiten, auch während des Ersten Weltkrieges, wurde mit Knoblauch Typhus und Ruhr bekämpft und behandelt. Im Zweiten Weltkrieg setzten britische Ärzte den Knoblauch bei Verletzungen ein.

Albert Schweitzer soll ebenfalls ein Verehrer des Knoblauchs gewesen sein. Er hat ihn in der Mission erfolgreich als preiswertes, wirkungsvolles Mittel gegen Typhus und Cholera eingesetzt.

Der Glaube, dass der Knoblauch Vampire fernhält, stammt aus dem 18. Jahrhundert.

Eine Knoblauchzehe in der Hosentasche oder unter der Fußmatte vor der Haustür vertreibt böse Geister.

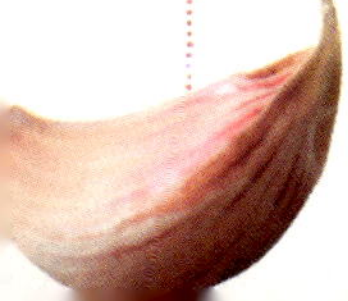

ANBAU

Anbau

ANBAULÄNDER

China ist weltweit der größte Knoblauchproduzent. Auf das Land entfallen zwei Drittel der Weltproduktion, wovon der größte Teil im eigenen Land verbraucht wird. Der Knoblauch ist nebst den zahlreichen chinesischen Kräutern eines der wichtigsten Gewürze in der chinesischen Küche.
Weitere wichtige Produktionsländer sind Indien, Korea, Russland, USA, Ägypten, Spanien, Türkei, Italien und Frankreich.

BIO-KNOBLAUCH – FAMILIE BUCHER

Immer wieder hört man, dass das Klima in der Schweiz für den Knoblauchanbau nicht optimal sei. So war auf dem Markt auch kein einheimischer Knoblauch im Angebot.
Nun gibt es seit kurzem Bio-Knoblauch direkt beim Produzenten, im Bioladen und bei Großverteilern.
Die engagierten Biobauern aus Grossaffoltern im Kanton Bern haben nach jahrelangen Anbauversuchen (2005–2008) den Durchbruch geschafft. Sie produzieren heute 30 bis 35 Tonnen Knoblauch. Es gibt sechs Sorten, die sich für den Anbau in der Schweiz bewährt haben. Die Sorten unterscheiden sich in Größe, Farbe und Schärfe. Gemäß Katja Bucher bevorzugen die Schweizer eher kleine, die Franzosen eher große Knollen.
Schweizer Bio-Knoblauch ist im Vergleich zu Importware um einiges teurer. Grund ist der Stundenlohn. Knoblauch wird nach der Ernte weltweit von Hand verarbeitet, und Bio-Knoblauch muss zusätzlich von Hand gejätet werden, was sehr aufwändig ist. Die innovativen Bauern vermarkten neben den ganzen Knollen selbst hergestellte Knoblauchchips (getrocknete, feine Knoblauchscheiben), die für viele Gerichte zu verwenden sind. Ein weiteres Produkt ist in der Pipeline, darf aber noch nicht verraten werden. Die Knoblauchspezialistin verwendet gerne und auch reichlich Knoblauch in ihrer vegetarischen Küche. Ihr Mann schwört als Ersatz für Antibiotika auf Knoblauch. Wenn eine Erkältung im Anzug ist, werden am Abend zwei bis vier Knoblauchzehen gegessen und der Spuk ist am nächsten Morgen garantiert vorbei.
Familie Bucher gewann mit ihrem Bio-Knoblauch 2010 den Schweizer Agroporeis und damit ein Preisgeld von 20 000 Franken. Markus Bucher: «Wir waren sehr glücklich, eigentlich hätten alle Nominierten den Preis verdient. Das Preisgeld fließt in das Bio-Knoblauch-Projekt.»

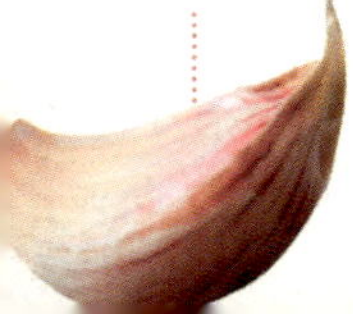

AIL ROSE DE LAUTREC (FRANKREICH)

Rosa-Knoblauch ist teurer als andere Sorten. Den Preis ist er aber in jedem Fall wert. Die Knollen sind bei kühler Lagerung einen ganzen Winter haltbar.

4000 Tonnen Knoblauch werden pro Jahr von 300 Produzenten auf 100 Hektar Land in zehn Gemeinden des Bezirks Lautrec und acht Nachbargemeinden produziert und geerntet. Das entspricht zehn Prozent der französischen Gesamtproduktion.

Mit dem europaweit anerkannten IGP-Siegel schützen die Franzosen ihren Rosa-Knoblauch. Nein zu Knoblauch aus China, lautet die Devise.

Jährlich gibt es einen Wettbewerb der schönsten Knoblauchzöpfe. Jeder Teilnehmer muss dreissig 1-Kilo-Zöpfe abgeben, die nach Knollengröße, Farbe und einheitlichem Erscheinungsbild bewertet werden. Den «krönenden» Abschluss bildet die köstliche «Soupe à l'ail rose de Lautrec».

KNOBLAUCH IM HAUSGARTEN

Der Knoblauch bevorzugt schweren, humusreichen Boden, der nicht zu nass und nicht überdüngt sein darf. Die Pflanze liebt die Sonne.

Der Knoblauch ist ideal für die Mischkultur: So schützt er die Erdbeeren vor Mehltau und Fäulnis, die Rosen vor Mehltau und hält mit seinem Geruch die Läuse fern. Den Tomaten gibt der Knoblauch Schutz gegen Pilzkrankheiten. Der Knoblauch ist eine ziemlich robuste und resistente Pflanze und eignet sich auch für den biologischen Anbau.

Die einzelnen Knoblauchzehen oder Brutzwiebeln werden etwa 5 cm tief im Abstand von 15 bis 20 cm in die Erde gesteckt. Der Standort ist alle sechs Jahre zu wechseln. Für gut entwickelte Knollen muss die Pflanzzeit relativ früh sein, d. h. Ende Februar/Anfang März.

Ernte ist im Juli. Die obere Hälfte des Krautes beginnt dann zu welken oder ist schon verwelkt.

Der frisch geerntete Knoblauch wird zum Trocknen 2 bis 3 Tage an die Sonne gelegt. Zum Lagern ist ein kühler, trockener, gut durchlüfteter Ort ideal. Gute Erfahrungen habe ich mit dem Keller und in der Nähe der geschützten, frostfreien Haustüre gemacht.

Größtes Knoblauchfest der Welt

In den USA ist vieles möglich. Im kalifornischen Städtchen Gilroy wird jedes Jahr das weltgrößte Knoblauchfest gefeiert und eine Knoblauch-Queen gekürt. Das Fest dauert drei Tage. Der Knoblauchduft wird einige Kilometer weit getragen. Kein Wunder, werden doch sieben Millionen Knoblauchzehen verarbeitet. Daraus entstehen Knoblauchwürste, Knoblaucheis, Knoblauchwein und Knoblauchsaucen... Das Fest lockt jährlich 12 000 Besucher an.

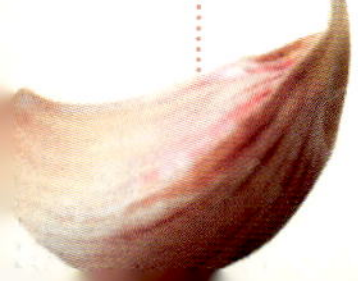

45%
EBIÈRE
100 CL
MARSEILLE

KNOBLAUCHSORTEN

Es gibt einige Hundert Knoblauchsorten, die sich in der Farbe der Schale/Haut, in der Farbe der Zehen – von weiß, rosarot bis weinrot oder dunkelviolett – und in der Größe der Knollen und Zehen unterscheiden. Die meisten Sorten bilden einen Stängel mit Brutzwiebeln. Die vielen englischen Sortennamen lassen den Schluss zu, dass im angelsächsischen Raum viel für die Sortenvielfalt getan wird.

Der Knoblauch wird nicht nach Sorte verkauft. Der Handel unterscheidet zwischen weißem und violettem Knoblauch. Im Frühling ist auch erntefrischer Knoblauch im Angebot.

Etagen- respektive Schlangenknoblauch bildet Knollen mit gleich großen Zehen aus.

Chinesischer Knoblauch / Schnittknoblauch ist eine Schnittlauchart (Allium tuberosum). Das Blattwerk sieht wie Schnittlauch aus, schmeckt aber nach Knoblauch, es lässt jedoch im Gaumen keinen unangenehmen Knoblauchgeruch zurück. Ob der Schnittknoblauch die gleiche gesundheitliche Wirkung wie der echte Allium sativum hat, ist nirgendwo erwähnt. (Bild unten)

Geräucherter Knoblauch
Er ist in größeren Filialen von Coop und Migros erhältlich. Er hat einen feinen Rauchgeschmack und kann wie frischer Knoblauch verwendet werden. (Bild oben)

Schwarzer Knoblauch (fermentierter Knoblauch)
Der Knoblauch ist eine Spezialität aus Japan. Die Knollen werden bei hoher Luftfeuchtigkeit und bei einer Temperatur von etwa 60 °C während mehrerer Monate gelagert, mit dem Ziel, dass die Knollen fermentieren. Die weißen Knollen verfärben sich schwarz. Das für den unangenehmen Geruch verantwortliche Enzym wird dabei «außer Kraft» gesetzt. Fermentierter Knoblauch ist leicht süßlich, weich und geleeähnlich. Er duftet nach Trockenpflaumen, Balsamico, reifem Portwein und gerösteter Vanille. Die schwarzen Knollen haben einen sanften, dezenten Knoblauchgeruch, der gerade noch wahrnehmbar ist.
Fermentierter Knoblauch enthält etwa zehnmal mehr der wertvollen Antioxidanzien als frischer Knoblauch und ist dadurch entsprechend wirksamer (Herz-Kreislauf-Erkrankungen, Krebs).
Schwarzer Knoblauch wird am besten in dünne Scheiben geschnitten und auf geröstetes Brot gestrichen, darüber kommen ein paar Tropfen Olivenöl extra vergine. Oder Knoblauch über die Pizza verteilen oder unter Pasta mischen. Er harmoniert auch mit Fleisch und Fisch. Schwarzen Knoblauch nicht kochen, sondern erst am Ende der Garzeit zugeben. (Bild Mitte und unten)

GESUNDHEIT

Gesundheit

KNOBLAUCH UND GESUNDHEIT EINST

Knoblauch ist seit mehr als 5000 Jahren ein Heilmittel, unter anderem in der chinesischen und in der ayurvedischen Medizin. Die Völker nutzten den Knoblauch bei Bluthochdruck und anderen Herzkrankheiten; diese Wirkung wird ihm nach wie vor attestiert. Auch rheumatische Beschwerden wurden mit Knoblauch therapiert, oft in Kombination mit der Zwiebel.

Hinweise auf den gesundheitlichen Wert des Knoblauchs findet man unter anderem auch bei Aristoteles (300 v. Chr.), Hippokrates (500 v. Chr.), Aristophanes (450 v. Chr.) und dem römischen Naturforscher Plinus dem Älteren (23 n. Chr.). Er empfahl Knoblauch in seiner Historia Naturalis für 61 Krankheiten, etwa bei Skorpion- und Schlangenbissen, Asthma und Hämorrhoiden.

Dioscurides (2 n. Chr.) verschreibt Knoblauch unter anderem zur Stärkung der Verdauung, aber auch als Mittel gegen Gift (Schlangengift, Gift anderer Tiere oder verdorbenes Wasser). Ferner lobte der römische Arzt die Knolle bei Erkältungskrankheiten und Hautproblemen.

Hippokrates empfahl Knoblauch als Abführmittel, zur Entwässerung und schon damals bei Gebärmutterkrebs (die präventive Wirkung ist heute anerkannt).

Hildegard von Bingen lobte insbesondere den rohen Knoblauch, denn nur dieser könne seine volle Heilkraft entfalten (wurde bestätigt). Sie empfiehlt nur kleine Mengen, damit das Blut nicht übermäßig erwärmt werde. Diese Empfehlung deckt sich mit der chinesischen Ernährung, die den Knoblauch als heiß und erhitzend einstuft.

Im späteren Mittelalter wurde der Knoblauch vor allem äußerlich zur Behandlung von Geschwüren und Kopfläusen sowie bei Haarausfall verwendet. Für eine besonders glatte Haut wurde eine Salbe aus Knoblauch, Butter und Honig empfohlen.

Andere Zubereitungen mit Knoblauch in Form von Salben wurden gegen Kopfweh verwendet.

Knoblauch ist für die Gesundheit, was der Duft für die Rose ist. (Sprichwort aus der Provence)

NATIONAL LIBRARY OF MEDICINE, MARYLAND (USA)

Neuere Daten zum therapeutischen Potenzial der tollen Knolle können in Maryland eingesehen werden. Die Bibliothek sammelt medizinische Literatur. Zum Knoblauch wurden seit 1983 rund 25 Publikationen veröffentlicht. Der Knoblauch ist also in der westlichen Medizin anerkannt, fragt sich nun nur, wie die Mediziner mit diesem Wissen umgehen.

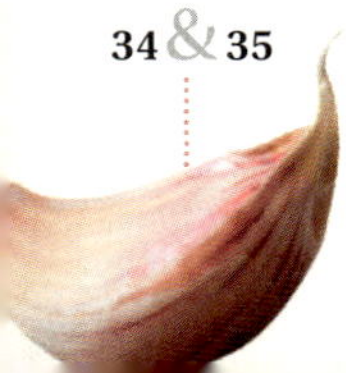

KREBS

Das erste Zentrum für Komplementärmedizin in England attestiert dem Knoblauch eine krebsvorbeugende Wirkung, welche wissenschaftlich belegt ist. Im Altertum hat man den Knoblauch bei Magen- und Darmkrebs empfohlen. Es wird nach wie vor geforscht, ob man ein Krebsleiden mit Knoblauch auch heilen könne. Interessant in diesem Zusammenhang ist ein Forschungsergebnis des Weizmann-Instituts in Israel, das darauf hinweist, dass das im Knoblauch enthaltene Allicin Krebszellen zerstören kann.

In China und Italien hat man die Essgewohnheiten von Menschen mit geringem und großem Knoblauchkonsum verglichen und dabei eine eindeutige Prävention bei Magenkrebs feststellen können. In Shanghai kam man zu einem ähnlichen Resultat bei Prostatakrebs. Empfohlen wird eine gesunde Ernährung, bei der Knoblauch ein wichtiger Bestandteil ist, wie in der mediterranen Küche. Die größte Wirkung hat roher Knoblauch.

Es wurden etwa zwanzig im Knoblauch vorkommende Verbindungen auf die Krebswirksamkeit analysiert. Sämtliche Verbindungen enthielten krebshemmende Eigenschaften. Hippokrates sagt: Lasst Eure Nahrung Eure Heilmittel sein und Eure Heilmittel Eure Nahrungsmittel. Die Publikation «Nature»: Die essbaren sekundärer Pflanzenstoffe sind heute als kostengünstige, leicht anzuwendende Mittel in der Prävention von Krebs und bei Krebs akzeptiert.

Der Knoblauch ist ein Nutrizeutika. Leider kann man für ihn kein Patent anmelden. Wer würde die Forschung bezahlen? Allein die Tatsache, dass der Knoblauch einen relativ hohen Selengehalt hat, sollte Grund genug für jeden Gesundheitsbewussten sein, ihn als ein präventives Mittel gegen Krebs einzusetzen. Bei Krebspatienten ist der Selenspiegel stets tief. Des weitern enthält der Knoblauch das Spurenelement Germanium, das unter anderem für die Bildung von Interferon benötigt wird. Interferon wiederum aktiviert die körpereigenen Killerzellen, die Makrophagen.

Eine Knoblauchzehe unter dem Kopfkissen des Babys schenkt ein gesundes Leben.

HERZ UND KREISLAUF

Es ist wissenschaftlich erhärtet, dass der Knoblauch eine positive Wirkung auf das Herz und den Kreislauf hat. Man weiß, dass in Ländern mit hohem Knoblauchverzehr (Mittelmeerraum) weniger Menschen an Schlaganfall sterben. Mit seinem Wirkstoffspektrum hemmt der Knoblauch insbesondere die Entstehung einer Thrombose. Der Knoblauch kann sogar eine Blutplättchenverklumpung im Frühstadium auflösen. Die antioxidativen Inhaltsstoffe verjüngen, die Alterung der Blutgefäße eingeschlossen. Japanische Forscher attestierten dem Knoblauchextrakt eine starke antioxidative Wirkung. Es war in der Lage, eine durch schädlichen Sauerstoff in den Zellen ausgelöste Lipidperoxidation zu zerstören. Der Knoblauch erweitert die Gefäße und entspannt. Besonders wirksam ist er in den Beingefäßen, in der Durchblutung der Augen und des Gehirns (bessere Hirnleistung).

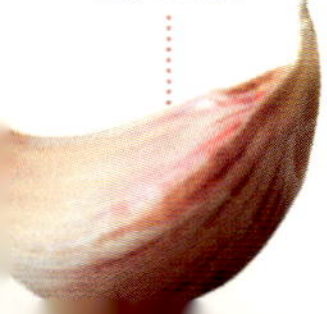

VIREN, BAKTERIEN, PILZE

Der Knoblauch verfügt über antivirale und antibakterielle Eigenschaften. Er bekämpft Pilze, Bakterien und Viren und bietet damit Schutz vor Magen-Darm-Leiden und Erkältungen. Gleiches gilt für die Zwiebel. Der Knoblauch ist ein natürliches Antibiotikum. Bereits 1944 stellte Chester J. Cavallito, ein Chemiker, fest, dass das Allicin im Knoblauch eine antibiotische Wirkung hat. Tests ergaben sogar, dass roher Knoblauch eine größere Wirkung als Penicillin und Tetracyclin hat. Damit wurden die Resultate von Pasteur bestätigt, allerdings kommt bei ihm der Knoblauch noch besser weg. Wichtig ist, dass zur Abtötung von Bakterien roher Knoblauch gegessen wird, weil er eine größere Wirkung hat. In der Sowjetunion hat man früher den Knoblauch russisches Penicillin genannt. Bei Grippeepidemien wurde er als Antibiotikum eingesetzt.

Iss Lauch im März, Knoblauch im Mai, dann haben die Ärzte das Jahr über frei.
(Alter walisischer Spruch)

IMMUNSYSTEM

Im Zusammenhang mit der Stärkung des Immunsystems wird der Knoblauch als unterstützende Massnahme bei Aids erwähnt. Knoblauch ist ganz klar ein starkes, potentes Mittel zur Stärkung des Immunsystems.

Frieden und Glück beginnen dort, wo Knoblauch zum Kochen verwendet wird.
(Marcel Boulestin, französischer Küchenmeister)

ENERGIELIEFERANT

Knoblauch ist nicht nur reich an Selen und Germanium, er enthält auch reichlich Adenosin. Adenosin ist ein Nukleoid, eine Grundsubstanz für lebenswichtige Trägersubstanzen, sogenannte Transmitter. Sie sind die Hauptspeicher unserer Lebensenergie, die wir uns über die Nahrung zuführen. Adenosintriphosphat (ADP) fällt eine Schlüsselrolle zu. Von allen Arzneipflanzen hat der Knoblauch mit 56 mg pro 100 g Adenosin einen der höchsten Werte. Das Adenosin hat vielfältige Wirkungen auf den Organismus: Es wirkt gefäßerweiternd, blutdrucksenkend und krampflösend. Es verhindert aber auch die Thrombozytenaggregation, alles Eigenschaften, die dem Knoblauch bereits attestiert wurden, die man nun aber dank des Wissens um Adenosin klar belegen und wissenschaftlich erklären kann.

DARM UND BLÄHUNGEN

Menschen, die unter Blähungen leiden, sollten unbedingt Knoblauch in ihren Speiseplan aufnehmen. Bei spastischen Schmerzen und Krämpfen ist eine zerdrückte Knoblauchzehe mit Wasser eingenommen eine wirkungsvolle Medizin.

Wer fettes Essen mag, sollte dazu unbedingt Knoblauch essen. Der Knoblauch regt die Fettverdauung an, er wirkt choleretisch (gallentreibend) und er soll auch die Kohlenhydratverdauung ankurbeln.

Untersuchungen haben zudem gezeigt, dass der Knoblauch die Ausschüttung von Magensäure herabsetzen kann und die Magenschleimhaut stärkt. Die «gesunde Knolle» beugt lästigem, saurem Aufstoßen vor und verhindert ein Sodbrennen.

HOMÖOPATHIE

Selbstverständlich kennt man den Knoblauch auch in der klassischen Homöopathie, jedoch nur in potenzierter Form. Empfohlen wird er bei Bronchitis, Verdauungsstörungen, Rheuma und Gliederschmerzen. Es gibt auch eine homöopathische Knoblauchkur, welche den Alterungsprozess verlangsamen soll.

TIER UND TIERCHEN

- Die Knoblauchesser werden seltener von stechenden Insekten heimgesucht.
- Der Knoblauch schützt bedingt vor Zeckenbefall (der Geruch reduziert die Angriffslust der Zecken).
- Der Knoblauch schützt Mensch und Tier vor Wurmbefall.
- Knoblauch im Tierfutter hemmt beispielsweise bei den Kühen die klimaschädliche Methanproduktion.

Im 18. Jahrhundert machte man in Frankreich folgenden kuriosen Schwangerschaftstest: Vor dem Zubettgehen führte die Frau eine Knoblauchzehe in die Vagina ein. Wenn sie am Morgen nicht nach Knoblauch roch, war sie schwanger. Grund: Der Embryo verhindert ein Ausbreiten des Knoblauchgeruches. Ein frischer Atmen war Beweis genug, dass die Frau schwanger war.

SCHWANGERSCHAFT / STILLZEIT

In der Naturheilkunde wird vor zu viel Knoblauch während der Schwangerschaft gewarnt. Knoblauch kann die Blutgerinnung hemmen. Über die Muttermilch kann er beim Baby zu Blähungen führen.

Ich habe während der Schwangerschaft und während der Stillzeit stets Knoblauch in moderaten Mengen gegessen; ich hatte nie Nebenwirkungen zu beklagen.

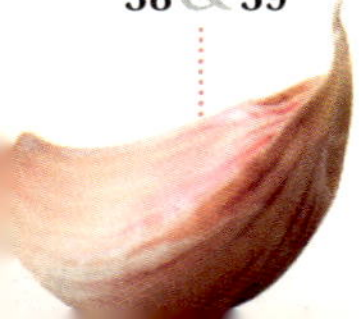

NEBENWIRKUNGEN

Es sind keine Nebenwirkungen bekannt, mit Ausnahme des Geruches. Die Schärfe kann bei Empfindlichen den Magen reizen. In diesem Fall den Knoblauch nicht auf nüchternen Magen essen. Allergien auf Knoblauch sind ein weiterer Grund, auf diesen Jungbrunnen zu verzichten.

Knoblauch verdünnt das Blut, was das Risiko für Blutungen nach einer Operation erhöht. Menschen, welche blutgerinnungshemmende Mittel einnehmen müssen, sollten sich vor der Einnahme eines Knoblauchpräparates mit dem Apotheker besprechen (gilt nicht für den frischen Knoblauch, wenn er in moderater Menge gegessen wird).

«Er macht das Gesicht strahlend, er vermehrt das Sperma und er tötet Kleinlebewesen in den Därmen.» (Talmud)

KNOBLAUCH STATT VIAGRA

In der Antike war der Knoblauch nicht nur als Heilmittel gegen alle Arten von Gebrechen beliebt, nein, er war auch als «Naturviagra» sehr beliebt. Die Suche nach libidosteigernden Substanzen und Medikamenten ist so alt wie die Menschheit. Der römische Dichter Vergil hat den Knoblauch zur Steigerung der Libido und Potenz angepriesen. Sein Kollege Marital lobt ihn als Stärkungsmittel bei abgestorbenen und erschlafften Gliedern. In China wird die Knolle seit 5000 Jahren als Allheilmittel und Aphrodisiakum geschätzt. Die ayurvedische Medizin empfiehlt ihn als Verjüngungsmittel, zur Entgiftung und zur Anregung des Geschlechtstriebes. Auch zu Zeiten von Shakespeare kannte und nutzte man den Knoblauch. Der berühmte islamische Arzt Ibn al-Baitar empfahl gekochten Knoblauch zur Vermehrung der Samen denjenigen, die wegen zu häufigem Beischlaf nur wenig Samen besitzen. Im Sanskrit gibt es ein «Knoblauchlied», worin der Knoblauch für die Gewinnung der Männer für die Vergnügungen auf den Dächern eingesetzt wird. In den heißen Ländern war es früher üblich, die heißen Nächte auf den Flachdächern zu verbringen und bei Mondlicht Liebesspiele zu veranstalten, die man als «Fest des Knoblauchs» bezeichnete.

Auch im Mittelalter findet man Hinweise auf Knoblauch als Aphrodisiakum. Leonhard Fuchs schrieb: «Knoblauch macht Neygung zum Schlaff und Lust zu den ehelichen Werken.»

Ob der Knoblauch nun seiner Wirkung als antikes Viagra gerecht wird, ist wie vieles umstritten. Tatsache ist, dass Knoblauch die glatte Muskulatur entspannt. Betrachtet man den Knoblauchverzehr und das Sexualleben in bestimmten Ländern, kann es durchaus sein, dass er einen Einfluss hat.

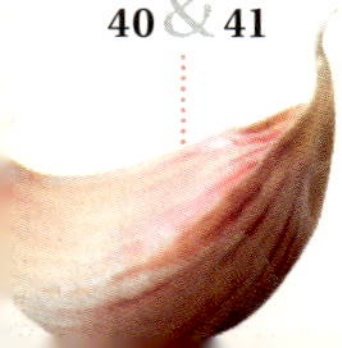

KNOBLAUCHPRODUKTE UND FRISCHER KNOBLAUCH

Ob Knoblauchpillen und Knoblauchpulver gleich wirksam sind wie frischer Knoblauch, ist schwierig zu sagen. Wir verweisen auf den Ökotest www.oekotest.de, der siebzehn Monopräparate untersucht hat.

Es gibt bis heute keine klinischen Studien zu Knoblauchpillen. Im Jahr 2004 wurde eine Arbeit veröffentlicht, die in den Knoblauchpillen keine lipidsenkende Wirkung nachweisen konnte. Man muss jedoch wissen, dass solche Studien oft von der Pharmaindustrie finanziert werden. Vermutlich hat die Knoblauchpille keine Lobby. Sicher ist, wer Knoblauchpillen schluckt, hat mit keinen Nebenwirkungen zu rechnen. Es geht aber nichts über frischen Knoblauch. Der ist Genuss pur, für das Auge und den Gaumen.

Der Autor des Buches «Krebszellen mögen keine Himbeeren» meint dazu: Knoblauchpillen enthalten kein Allicin, sondern nur die Vorstufe Alliin. Deshalb sollte man frischen Knoblauch essen. Tibetische Mönche empfehlen folgendes Rezept: Zehen einer ganzen Knoblauchknolle abbrechen, schälen und zerquetschen, 10 Tage in 3 dl / 300 ml reinen Weingeist oder hochprozentigen Alkohol einlegen. Sieben, Flüssigkeit auffangen. «Tinktur» dreimal täglich mit einer Tasse Milch einnehmen: am ersten Tag einen Tropfen pro Tasse, am zweiten Tag 2 Tropfen, am dritten Tag 3 Tropfen, am vierten Tag 4 Tropfen, am fünften Tag 5 Tropfen ... am sechsten Tag 4 Tropfen, am siebten Tag 3 Tropfen, am achten Tag 2 Tropfen, am neunten Tag einen Tropfen. Wer die Knoblauch-«Tinktur» jahrein und jahraus einnimmt, kann auch einfach täglich 25 Tropfen nehmen.

CHOLESTERIN

Ob der Konsum von Knoblauch einen Einfluss auf den Cholesterinspiegel hat, ihn also senkt und wie stark, dazu existieren unterschiedliche Werte, von minus 10 % bei einem sehr großen Konsum (5 bis 7 Knoblauchzehen pro Tag) bis keine nennenswerte Veränderung. Inzwischen mehren sich die Stimmen, dass das Cholesterin kein wirkliches Risiko für einen Herzinfarkt sei. Knoblauch ist aber in der Lage, als wirksames Antioxidant das LDL-Cholesterin vor einer Oxidation zu schützen. Man weiß auch, dass nur das oxidierte LDL-Cholesterin abgelagert wird, und hier hat der Knoblauch bestimmt präventiven Charakter.

KNOBLAUCH-HAUSAPOTHEKE

Die Rezepturen stammen aus verschiedenen Quellen. Es wurden nicht alle überprüft. Eine gesundheitliche Gefährdung kann aber ausgeschlossen werden. Selbstverständlich kann der Knoblauch weder den Arzt noch ein überlebenswichtiges Medikament ersetzen. Bei Fragen / Unsicherheiten bespricht man sich am besten mit einem Heilpraktiker.

Hühnerauge, Warze, Fußpilz, Herpes

Fein zerdrückte / durchgepresste Knoblauchzehen auf die betroffene Stelle auftragen.

Bronchitis

Fünfmal täglich eine Knoblauchzehe durchpressen, Saft von ½ Zitrone und 1 EL Honig untermischen, einnehmen.

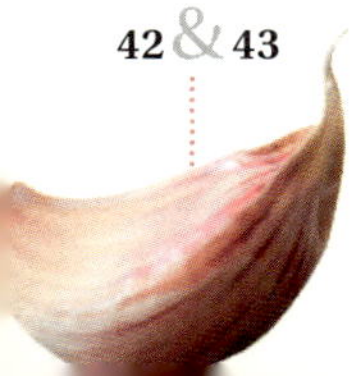

Ischias und Hexenschuss
Durchgepresste Knoblauchzehen mit Olivenöl mischen. Auf die betroffenen Stellen auftragen, mit einem Wolltuch zudecken. Über Nacht einwirken lassen.

Arteriosklerose-Prophylaxe
Täglich 1 bis 2 Knoblauchzehen (4 – 6 g) oder 1 TL Knoblauchsaft einnehmen.

Zahnfleischschwund und Zahnfleischbluten
Frisch gepressten Knoblauch täglich während 4 Wochen in das Zahnfleisch einmassieren. Der Knoblauchgeruch kann reduziert werden, wenn man nach dem Einreiben frischen Majoran oder Thymian oder Petersilienstängel kaut.

Spulwürmer
1 große Knoblauchknolle
1½ l Wasser
Die Knoblauchzehen vom Fruchtboden abbrechen, schälen und zerkleinern. Im Wasser 15 Minuten köcheln lassen. Sieben, Knoblauchtee auffangen und auskühlen lassen. Pro Einlauf ½ l Knoblauchtee mit Hilfe eines Klistiers einführen. Dreimal täglich einen Einlauf machen.

Nierensteine (Pfarrer Künzle)
½ l Weißwein
4 Knoblauchzehen
Knoblauchzehen schälen und klein würfeln, im Weißwein 4 Minuten kochen. Sieben, Knoblauchwein auffangen, in eine Flasche füllen. Kühl aufbewahren. Täglich 1 Schnapsglas voll trinken. Der Trunk soll helfen, die Steine über den Urin abzuführen. Gleichzeitig hilft er, den Blutdruck zu senken.

Stärkungsmittel
30 Knoblauchzehen zu 500 g flüssigem Honig pressen und unterrühren. Täglich abends 1 EL Knoblauchpaste einnehmen. Das Rezept stammt von einer Fischersfrau am Gardasee. Die Paste bereitet die Frau für ihren Mann zu (Knoblauch statt Viagra).

Husten und Bronchitis
5 Knoblauchzehen durchpressen, 5 TL Zucker untermischen, in wenig Wasser aufkochen, 5 Minuten ziehen lassen. Sieben, Flüssigkeit auffangen. Mehrmals täglich 1 TL Knoblauchsaft einnehmen.

Darmbeschwerden, Verdauungsstörungen
5 bis 10 Knoblauchzehen über den Tag verteilt essen.

Erkältung
In der traditionellen chinesischen Medizin empfiehlt man bei beginnender Erkältung einen Mix aus Knoblauch und frischem Ingwer. 15 g Knoblauch und 3 cm Ingwer schälen und klein würfeln, in 2½ dl / 250 ml Wasser aufkochen, bei schwacher Hitze 1 Stunde köcheln lassen. Mixtur mit wenig Rohrohrzucker abrunden, über den Tag verteilt warm trinken.

Herz und Cholesterinspiegel
30 Knoblauchzehen schälen und hacken. 5 Bio-Zitronen vierteln und entkernen. Knoblauch, klein geschnittene Zitronen und 1 l Wasser erhitzen, nicht kochen. Sieben, Flüssigkeit auffangen und in Flaschen mit Schraubverschluss füllen. Im Kühlschrank aufbewahren. Täglich ein kleines Schnapsglas voll trinken, am besten vor der Mahlzeit. Die Kur kann mehrmals im Jahr wiederholt werden. Sie hat allgemein eine stärkende Wirkung.

Schmerzen, Fußschweiß – Dr. A. Vogel
Täglich 2 Knoblauchzehen in 2 dl / 200 ml warme oder kalte Milch pressen und trinken.

Erkältung
Knoblauch zu flüssigem Honig pressen, unterrühren. Stündlich 1 TL der Paste einnehmen.
Knoblauch einfach ins Wasser pressen und damit gurgeln, hilft rasch und zuverlässig und ist preiswert.

Knoblauchgeruch – Was tun?

Knoblauchgeruch – Was tun?

Wer Knoblauch isst, macht das möglicherweise nicht zu aller Freude. Die Rede ist von der Ausdünstung – sie ist bei rohem Knoblauch intensiver als bei gekochtem Knoblauch –, die meist für jene unangenehm ist, die nie oder nur selten Knoblauch essen. Der Grund für die Knoblauchfahne ist das Enzym Allinase, das beim Verletzen (Schneiden, Durchpressen) der Knoblauchzehe Alliin in das stinkende Allicin umwandelt.

Jeder Knoblauchfan hat sein(e) Mittelchen. Entsprechend lang ist die Liste, die dem Knoblauchgeruch den Garaus machen soll. Bei Mundgeruch sind sie bestimmt hilfreich. Ob sie die Ausdünstung über die Haut ebenfalls «regulieren», muss man ausprobieren.

- Knoblauch stets mit reichlich Petersilie und Zitronensaft kombinieren. Viele klassische Knoblauchrezepte tragen dem schon Rechnung. In der Petersilie und im Koriander bricht das Chlorophyll den Knoblauchgeruch. Im Handel gibt es auch Chlorophyll-Tabletten.
- Franzosen und Spanier empfehlen, zum Essen Rotwein zu trinken. Rotwein mögen die meisten und er ist in adäquater Menge erst noch gesund.
- Ganze Kardamomkapseln oder Anissamen oder Gewürznelken kauen. Achtung scharf! Alternative: geröstete Kaffeebohnen kauen, die sind nicht scharf.
- Minze oder Kerbel kauen.
- Wenig Schokolade essen.
- Milch trinken oder Joghurt essen.

Mein Tipp: Den Knoblauch in «Gesellschaft» geniessen, dann riechen alle danach und es stört niemanden. Auch als Knoblauchfan nicht unbedingt ein halbes Dutzend Knoblauchzehen verspeisen, wenn man weiß, dass man auf eine Menschengruppe trifft. Manchmal reicht es auch schon, die Salatschüssel mit einer halbierten Knoblauchzehe auszureiben. Wenn alle wüssten, wie gesund der Knoblauch ist, würden sie sich weniger am Geruch stoßen und mehr Knoblauch essen und sich hoffentlich über sinkende Krankenkassenprämien freuen.

Annegreth Bommert, Ernährungsfachfrau für anthroposophische Ernährung, empfiehlt, den geschälten Knoblauch mit unraffiniertem Meersalz zu bestreuen und 30 Minuten stehen zu lassen. Eine Ausdünstung über die Haut könne so ausgeschlossen werden. Der Grund sei das natürliche Jod im Meersalz, das übrigens im Mittelmeerraum auch in der Atmosphäre vorkommt. Das deckt sich mit meiner Erfahrung, dass die Menschen am Meer weniger nach Knoblauch riechen.

Die Hände nach Knoblauchkontakt am besten mit Zitronensaft neutralisieren. Auch der Chromstahlstein – hilft auch nach Fischkontakt – schafft Abhilfe. Küchenprofis haben mir versichert, dass man die Hände einfach nur mit Kaffeesatz einreiben könne, Händ waschen, und weg ist der Geruch.

Die einst älteste Frau der Welt, Madame Jeanne Louise Calment aus dem südfranzösischen Arles, starb am 4. August 1997 im Alter von 122 Jahren. Sie liebte Knoblauch über alles. Aioli, die französische Knoblauch-Mayonnaise, war eine ihrer Lieblingsspeisen. Vermutlich war nicht der Knoblauch allein für ihr langes Leben verantwortlich. Geschadet hat er aber bestimmt nicht.

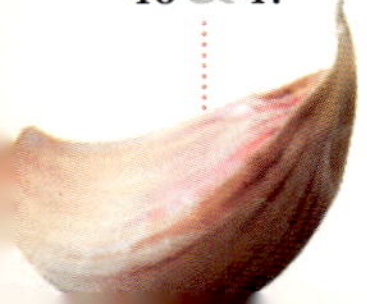

Küchenpraxis

Küchenpraxis

Der Knoblauch ist ein Allrounder, roh und gekocht. Er verstärkt den Eigengeschmack jeder Speise und gibt ihr einen unverwechselbaren Geschmack.

ROH ODER GEKOCHT?

- Zum Eliminieren von Bakterien und zur Stärkung des Immunsystems ist roher Knoblauch dem gekochten vorzuziehen.
- Zur Senkung des Cholesterinspiegels und zum Verdünnen des Blutes kann der Knoblauch auch gekocht oder gebraten weden. Am besten, man isst ihn alternierend, einmal roh, einmal gekocht. Abwechslung ist auch hier sinnvoll.
- Der Knoblauch ist leichter verdaulich und stößt weniger auf, wenn man den inneren, meist hellgrünen Trieb entfernt.

BRATEN

Der Knoblauch darf beim Anbraten nicht braun werden, sonst wird er bitter.

In Österreich wird eine Knoblauchspezialität Vanillerostbraten genannt. Der Begriff stammt aus einer Zeit, als exotische Gewürze noch rar und sehr teuer waren. Wenn man den Rostbraten mit der Vanille des armen Mannes zubereitete, war schlicht und einfach der Knoblauch gemeint.

VORRAT

Für die schnelle Küche können geschälte Knoblauchzehen in Olivenöl eingelegt werden. Praktisch ist auch ein kleines Glas mit gepresstem Knoblauch, das man mit Olivenöl auffüllt. Die Knoblauchpaste ist immer und überall einsatzbereit, wenn es schnell gehen muss. Paste im Kühlschrank aufbewahren. (Abbildung Seiten 52/53)

KNOBLAUCH SCHÄLEN

Wie schält man Knoblauch? Die Knoblauchzehe mit der Handfläche oder dem Messerrücken quetschen. Nach dem «Knackton» lässt sich die Schale leicht ablösen.
(Abbildung Seiten 54/55)

KNOBLAUCH DURCHPRESSEN

Knoblauchzehen ungeschält durchpressen.
(Abbildung Seiten 56/57)

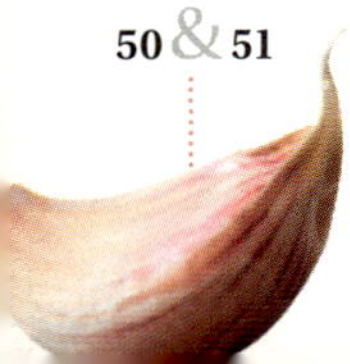

Knoblauch für für die schnelle Küche:

Knoblauchzehen durchpressen und in Olivenöl extra vergine haltbar machen

Knoblauchzehe mit Messerrücken oder Handfläche pressen und schälen

«Nach dem ‹Knackton› kann die Schale leicht abgelöst werden.»

Knoblauchzehe «köpfen», mit Schale durch die Knoblauchpresse drücken

Aperitif | Vorspeisen | Salate

Bruschetta

MIT ZIEGENFRISCHKÄSE UND TOMATEN [ABBILDUNG]

3–4 Baguettescheiben pro Person

150–200 g Ziegenfrischkäse
frisch gemahlener Pfeffer
Meersalz
Sardische Tomaten, in Scheiben
Knoblauchzehen, in feinen Scheiben
Blüten für die Garnitur

1 Baguettescheiben im Ofen kurz rösten.

2 Baguettescheiben mit Ziegenfrischkäse bestreichen, würzen, Tomaten- und Knoblauchscheiben darauflegen, mit Salz und Pfeffer würzen, mit Blüten garnieren.

Basilikum Auf dem Bild ist afrikanisches Basilikum / Ocimum Hyb. «African Blue».

Crostini

dünne Weißbrotscheiben
Olivenöl extra vergine
Knoblauchzehen
Meersalz

1 Weißbrotscheiben im Ofen bei 220 bis 240 °C bräunen.
2 Getoastete Brotscheiben mit dem Olivenöl beträufeln, mit frisch gepresstem Knoblauch und mit Salz bestreuen.

Varianten Für einen Petersilienpesto 1 Bund abgezupfte Petersilie mit 5 EL Olivenöl extra vergine, wenig getrocknetem Oregano und 2 bis 3 Knoblauchzehen zu einer Paste mixen, auf die getoasteten Brotscheiben streichen. Gleiche Zubereitung mit Rucola und Basilikum.

Maiskolben [ABBILDUNG]

für 1 Person

1 erntefrischer Maiskolben
Olivenöl extra vergine
Meersalz
Knoblauch, grob oder fein gehackt oder durchgepresst

1 Beim Maiskolben Hüllblätter und Barthaare entfernen, Kolben in etwa 4 cm lange Stücke schneiden, im Dampf rund 15 Minuten garen.

2 Maiskolben auf einen Teller legen, mit der Mischung aus Olivenöl, Salz und Knoblauch bepinseln.

Tipp Zum Essen Maiskolben auf Spießchen stecken.

Bruschette
MIT WEISSKABIS

6 Scheiben Weiß- oder Bauernbrot, getoastet

3 EL Olivenöl extra vergine
3 Knoblauchzehen, fein gewürfelt
3 Sardellen in Öl eingelegt, abgetropft, zerkleinert
300–400 g Weißkabis/-kohl
3 EL Rotweinessig
Meersalz
frisch gemahlener Pfeffer

1 Den Strunk beim Kabis entfernen, Kabis längs halbieren, beide Stücke quer in Streifchen schneiden.

2 Olivenöl in der Bratpfanne erhitzen, Knoblauch und Sardellen andünsten, Kabis zugeben, 3 bis 5 Minuten rührbraten, mit Rotweinessig ablöschen, Gemüse knackig garen, mit Salz und Pfeffer abschmecken.

3 Den warmen Kabis auf die gerösteten Brotscheiben verteilen.

Tipp Den gedünsteten Weißkabis kann man auch sehr gut unter gekochte Pasta mischen. Oder einfach als Gemüse als Antipasti genießen.

Geschmorte rote Krautstiele

ALLA ITALIANA

1 junge, ganze rote Kraut-stiel- / Stielmangoldpflanze, ersatzweise auch eine gelbe oder weiße
4 EL Olivenöl extra vergine
2 Knoblauchzehen, in feinen Scheiben
Meersalz
frisch gemahlener Pfeffer
wenig Zitronensaft

1 Krautstiele mit Grün in etwa 2 cm breite Streifen schneiden, 2 Minuten blanchieren. Abgießen und gut abtropfen lassen.

2 Knoblauchscheiben in einer weiten Pfanne im Öl andünsten, Krautstiele zugeben und 4 bis 5 Minuten mitdünsten, mit Salz, Pfeffer und wenig Zitronensaft abschmecken. Warm oder kalt servieren.

Variante Krautstiele durch Spinat oder rote Brüsseler Endivie ersetzen.

Gebratene Knoblauchzehen

«NICOLA» [ABBILDUNG]

2 ganze Knoblauchknollen
Olivenöl extra vergine
Meersalz

Ungeschälten Knoblauchknollen quer halbieren (nicht schälen) oder Knoblauchzehen vom Fruchtboden lösen (nicht schälen), in einer Bratpfanne in reichlich Olivenöl bei schwacher Hitze rund 30 Minuten braten. Salzen. Der Knoblauch darf nicht zu braun werden, weil er sonst bitter wird.

Essen Knoblauchzehen aus der Schale lutschen. Sie schmecken lauwarm und kalt. Dieser Antipasto ist in Italien sehr beliebt.

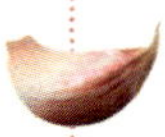

Roher Zucchinisalat

MIT KREVETTEN [ABBILDUNG]

2–3 nicht zu große Zucchini, je jünger (kleiner), desto besser

1 EL Olivenöl extra vergine
200 g Krevetten / Garnelen oder Riesenkrevetten

Vinaigrette
1 Zitrone, Saft
2 EL weißer Balsamico
4 EL Olivenöl extra vergine
2 Knoblauchzehen, klein gewürfelt
1 TL eingelegte rote oder grüne Pfefferkörner
12 Minzeblättchen, fein geschnitten

1 Zucchini beidseitig kappen. Auf dem Gemüsehobel oder mit dem Messer in feine Scheiben schneiden. Mit der Vinaigrette mischen.

2 Krevetten im Olivenöl kurz braten, auf dem Zucchinisalat anrichten.

Champignons

MIT KNOBLAUCH UND SALBEI

500 g Champignons
4 EL Olivenöl extra vergine
10 Salbeiblätter
4 große Knoblauchzehen, gewürfelt
Kräutermeersalz
½ unbehandelte Zitrone, wenig abgeriebene Schale und Saft
2 EL gehackte glattblättrige Petersilie

1 Backofen auf 180 bis 200 °C vorheizen.

2 Eine Gratinform mit Olivenöl einpinseln. Pilze mit dem Hut nach unten in die Form legen. Mit Olivenöl beträufeln, mit Salbeiblättern belegen, Knoblauch darüberstreuen, mit Kräutersalz abrunden.

3 Gratinform in der Mitte in den vorgeheizten Ofen schieben, Pilze bei 180 bis 200 °C etwa 25 Minuten backen. Vor dem Servieren mit Zitronensaft beträufeln und mit Zitronenschale und Petersilie bestreuen.

Tipp Die Pilze als Antipasti oder als Beilage zu Fleisch, Fisch und Getreidespeisen servieren.

Variante Champignons durch Shiitake ersetzen.

Gemüse

MIT HEISSER SARDELLEN-KNOBLAUCH-SAUCE [ABBILDUNG]

½ kleiner Blumenkohl
4 Sproß Stangensellerie
1 rote Peperoni/Gemüsepaprika
4 Karotten
Radicchio di Verona
1 Zucchino

Sauce
1 dl/100 ml Rotweinessig
8 Knoblauchzehen, fein gewürfelt
10 Sardellenfilets
1¼ dl/125 ml Olivenöl extra vergine
reichlich glattblättrige Petersilie, Blättchen abgezupft und gehackt
frisch gemahlener Pfeffer
Meersalz

1 Blumenkohl in möglichst kleine Röschen brechen. Stangensellerie eventuell schälen, um grobfasrige Teile zu entfernen, in Stäbchen schneiden. Peperoni halbieren, Stielansatz, Kerne und weiße Rippen entfernen, Schotenhälften in feine Streifen schneiden. Karotten schälen, in Stäbchen schneiden. Radicchio in die einzelnen Blätter zerlegen. Zucchino beidseitig kappen und in Stäbchen schneiden. Das Gemüse auf einer Platte anrichten.

2 Sardellen kalt abspülen, trocken tupfen und hacken.

3 Rotweinessig und Knoblauch erhitzen, Flüssigkeit auf die Hälfte einkochen lassen, Sardellen zugeben und rühren, bis sie zerfallen sind. Olivenöl unterrühren. Petersilie zugeben, abschmecken mit Salz und Pfeffer. Warm mit dem rohen Gemüse servieren. Gemüse in der Sauce dippen.

Nüsse

MIT KNOBLAUCH UND INGWER

100 g Baum-/Walnüsse
2 EL Olivenöl extra vergine
3 rosa Knoblauchzehen
1 daumengroßes Ingwerstück
Meersalz
½ Bund glattblättrige Petersilie

1 Nüsse in einer Bratpfanne ohne Fett leicht rösten. Achtung: Die Baumnüsse dürfen nicht dunkel werden. Olivenöl zugeben, Pfanne von der Wärmequelle nehmen. Knoblauch dazupressen, Ingwer schälen, auf einer feinen Reibe dazureiben, untermischen, Pfanne auf den Herd zurückstellen, das Ganze unter Rühren kurz dünsten, mit Meersalz würzen.

2 Nüsse auf eine Platte verteilen. Petersilie von den Stielen zupfen, grob hacken und darüber verteilen.

Zum Rezept Die Baumnüsse sind ein feiner Aperitif. Sie schmecken Gross und Klein. Knoblauch- und Ingwermenge können variiert werden, je nach Vorliebe.

Zucchinigratin [ABBILDUNG]

für 4 Portionenformen

1 EL Olivenöl extra vergine
400 g Zucchini
2 Knoblauchzehen
2 Eier
1 dl / 100 ml Rahm / Sahne
2–4 EL geriebener Pecorino oder Parmesan oder zerbröckelter Feta
4 EL fein geschnittenes Basilikum
wenig abgeriebene Zitronenschale, nach Belieben
Meersalz
frisch gemahlener Pfeffer

1 Zucchini beidseitig kappen, auf der Röstiraffel fein hobeln. Im Olivenöl kurz andünsten, Knoblauchzehen dazupressen und unterrühren, 3 bis 4 Minuten weiterdünsten, in einer Schüssel auskühlen lassen.

2 Backofen auf 220 °C vorheizen.

3 Eier und Rahm verquirlen, Käse, Basilikum, Zitronenschale und Zucchini unterrühren, mit Salz und Pfeffer abschmecken. Zucchinimasse in die mit Butter eingefetteten Förmchen füllen.

4 Zucchinigratin auf der zweituntersten Schiene in den vorgeheizten Backofen schieben, bei 220 °C 25 bis 30 Minuten backen. Nadelprobe machen. Warm oder kalt servieren.

Tipps Die Knoblauchmenge kann variiert werden. Für eine Mahlzeit Menge verdoppeln.

Lauwarmer Zucchettisalat

MIT MINZE

1 Zucchetti (ausgewachsener Zucchino), ca. 800 g

1 Zitrone, Saft
4 EL Olivenöl extra vergine
Meersalz
frisch gemahlener Pfeffer
1 Handvoll Minze, Blättchen abgezupft und fein geschnitten
wenig glattblättrige Petersilie, Blättchen abgezupft und gehackt, nach Belieben
2 Knoblauchzehen

1 Zucchetti beidseitig kappen, schälen, Gemüsefrucht längs halbieren. Mit einem Esslöffel weiche (schwammige) Masse mit Kernen herauslösen. Fruchtfleisch in nicht zu dünne Scheiben schneiden, im Salzwasser 2 Minuten blanchieren. Abgießen.

2 Zitronensaft und Olivenöl verrühen, mit Salz und Pfeffer würzen, Kräuter zugeben, Knoblauch dazupressen.

3 Noch lauwarme Zucchetti mit der Sauce mischen, 15 Minuten ziehen lassen.

Rezept Es stammt von einem italienischen Freund. Normalerweise ernten die Italiener die Gemüsefrüchte sehr klein. Es kommt aber immer wieder vor, dass sich ein Zucchino im Blattwerk versteckt und innert kurzer Zeit eine stattliche Größe hat. Mit diesem Rezept wird auch ein Prachtszucchetti nicht zum Albtraum.

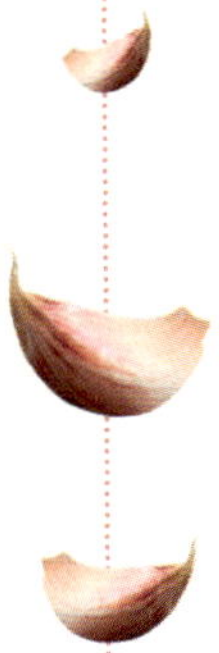

Libanesische Auberginenbeignets

MIT KNOBLAUCH-INGWER-SAUCE

2 Auberginen
Meersalz

Ausbackteig
2 Eier
ca. 1 dl / 100 ml Bier oder vergorener Apfelsaft oder Mineralwasser mit Kohlensäure
3 EL feines Kichererbsenmehl
½ TL Schwarzkümmelsamen
Kräutermeersalz

Olivenöl zum Braten

Knoblauch-Ingwer-Sauce
1 Becher Crème fraîche
2 Knoblauchzehen, fein gewürfelt
1 kleiner roter Peperoncino, fein gewürfelt
1 kleines Stück Ingwer, geschält, fein gerieben
glattblättrige Petersilie, von den Stielen gezupft und gehackt
Meersalz

1 Auberginen beidseitig kappen, in etwa 5 mm dicke Scheiben schneiden, auf eine Platte legen und mit Salz bestreuen, 30 Minuten ziehen lassen, mit Küchenpapier trocken tupfen.

2 Für den Ausbackteig Eier und Bier verquirlen, Kichererbsenmehl nach und nach unterrühren, Schwarzkümmel zugeben, mit Kräutersalz abschmecken.

3 Sauce zubereiten.

4 Olivenöl in einer Bratpfanne erhitzen. Auberginenscheiben durch den Teig ziehen, im heißen Olivenöl beidseitig goldgelb braten. Die Beignets schmecken warm und kalt.

Variante: Auberginen durch Zucchini oder Kürbis, zum Beispiel Butternut, ersetzen.

Kürbisschnitze

MIT NÜSSEN UND KNOBLAUCH

800 g Kürbis, Muscade de Provence oder Butternut
Meersalz
frisch gemahlener schwarzer Pfeffer
4 EL Olivenöl extra vergine
4 große Knoblauchzehen
50 g Baum- / Walnüsse oder Cashewnüsse
1–2 EL Honig, z. B. Kastanien- oder Thymianhonig

1 Backofen auf 200 °C vorheizen.

2 Kürbis entkernen, schälen, in Schnitze schneiden. Kürbisschnitze auf ein mit Backpapier belegtes Blech legen. Mit Salz und Pfeffer würzen, Olivenöl darüberträufeln. Ungeschälte, ganze Knoblauchzehen darauf verteilen.

3 Blech in der Mitte in den Ofen schieben, die Kürbisschnitze bei 200 °C etwa 20 Minuten backen. Nach halber Backzeit Nüsse und Honig darüber verteilen.

Backzeit Sie variiert je nach Dicke der Schnitze und der Kürbissorte, deshalb Nadelprobe machen.

Tipp Als Antipasto einen guten Balsamico dazu servieren. Gut dazu passen auch ein Gläschen Weißwein oder Prosecco.

Französische Knoblauchsuppe

[ABBILDUNG]

2 l Gemüse- oder Hühnerbrühe
4 EL Olivenöl extra vergine
4 Knoblauchzehen, in Scheiben
8 Salbeiblätter
2 Eigelbe
Meersalz

4 Scheiben Bauernbrot oder Baguette
50 g geriebener Käse
frisch gemahlener Pfeffer

1 Gemüsebrühe mit Olivenöl, Knoblauchscheiben und Salbei aufkochen, Suppe bei schwacher Hitze 15 bis 20 Minuten köcheln lassen. Brühe durch ein Sieb passieren.

2 Brotscheiben mit Käse bestreuen, im vorgeheizten Ofen bei 220 °C kurz überbacken. In Suppenteller legen, mit Pfeffer bestreuen.

3 Eigelbe aufschlagen, Suppe erhitzen, unter Rühren zum Eigelb geben, sofort auf die Suppenteller verteilen und servieren.

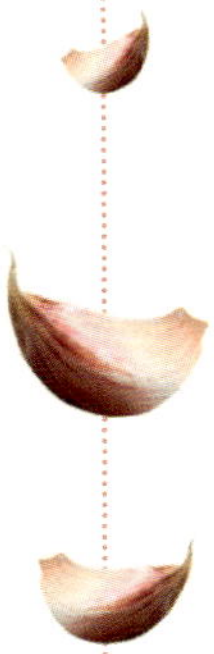

GAZPACHO [ABBILDUNG]

900 g reife Tomaten
1 Freilandgurke
je 1 rote und gelbe Peperoni / Gemüsepaprika
3 Knoblauchzehen
1 roter Peperoncino, in Ringen
200 g Weißbrotwürfel
2 EL Rotweinessig
2 EL Tomatenpüree
5–8 EL Olivenöl extra vergine
je 1 Handvoll abgezupfte Petersilien- und Basilikumblättchen
Kräutermeersalz
frisch gemahlener Pfeffer

Knoblauchcroûtons
8 Scheiben Weißbrot
Olivenöl extra vergine
3 Knoblauchzehen

1 Tomaten an der Spitze kreuzweise einschneiden, in einem Schaumlöffel in kochendes Wasser tauchen, bis sich die Haut löst, kalt abschrecken. Tomaten schälen, Stielansatz ausstechen, Tomaten vierteln und entkernen. Gurke schälen, beidseitig kappen, längs halbieren, entkernen und würfeln. Peperoni halbieren, Stielansatz, Kerne und weiße Rippen entfernen, Schotenhälften würfeln.

2 Zutaten inklusive Kräutern in einer Schüssel mischen. Im Mixerglas oder mit dem Stabmixer nach und nach fein pürieren. Mit Kräutersalz und Pfeffer abschmecken.

3 Für die Croûtons das Brot in Würfel schneiden und in einer Bratpfanne ohne Fett hellbraun rösten, wenig Olivenöl unterrühren, Knoblauchzehen dazupressen, mischen.

4 Gazpacho anrichten, noch warme Croûtons darüberstreuen.

KNOBLAUCHSUPPE
MIT VERLORENEM EI

2 EL Olivenöl extra vergine
4 große Knoblauchknollen
4 Baguettescheiben
1 EL Paprikapulver
1 l Hühnerbrühe
1 Msp Kreuzkümmelpulver
Meersalz
frisch gemahlener Pfeffer
4 Eier

abgezupfte Petersilie für die Garnitur

1 Knoblauchzehen vom Fruchtboden lösen, schälen und mit einem großen Messer zerdrücken. Knoblauch in einem Brattopf im Olivenöl goldgelb braten. Herausnehmen. Baguettescheiben im gleichen Topf goldgelb braten, herausnehmen und beiseite stellen.

2 Paprikapulver im Brattopf kurz rösten, mit Hühnerbrühe ablöschen, Kreuzkümmel und Knoblauch zugeben, 5 Minuten köcheln lassen, mit Salz und Pfeffer abschmecken.

3 Backofen auf 230 °C vorheizen.

4 Knoblauchsuppe in feuerfeste Suppentassen füllen, in jede Tasse ein Ei aufschlagen, mit einer Baguettescheibe belegen. Im Ofen bei 230 °C 4 Minuten stocken lassen. Mit Petersilie bestreuen.

Vegetarisch

Tomaten provençale [ABBILDUNG]

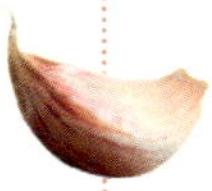

16 sardische Tomaten
Kräutersalz
2 EL helle Brotbrösel, Seite 102
1 unbehandelte Zitrone, wenig abgeriebene Schale
2 Knoblauchzehen, fein gewürfelt
4 EL Olivenöl extra vergine
Thymian- oder Basilikumblättchen, fein geschnitten / gehackt

1 Backofen auf 220 °C vorheizen.

2 Tomaten längs halbieren und mit der Schnittfläche nach oben in eine mit Backpapier belegte Gratinform stellen. Mit Kräutersalz leicht würzen. Brotbrösel, Zitronenschale, Knoblauch, Kräuter und Olivenöl verrühren, Tomaten damit bestreichen.

3 Gratinform in der Mitte in den Backofen schieben, Tomaten bei 220 °C etwa 20 Minuten backen.

Tipp Tomaten lauwarm mit frischer Baguette servieren. Dazu passt wunderbar junger Pecorino.

Variante Tomaten mit Lavendelblüten bestreuen.

Provenzalische Knoblauchquiche

für eine Form von 28 cm Durchmesser

400 g Pizzateig

Füllung
4 Eier
200 g Crème fraîche
3 EL Olivenöl extra vergine oder 50 g weiche Butter
50 g geriebener Parmesan oder Sbrinz
100 g Pinienkerne, grob gehackt
7 Knoblauchzehen
Meersalz
frisch gemahlener Pfeffer

1 Eier, Crème fraîche und Olivenöl verquirlen, Käse und Pinienkerne unterrühren, Knoblauchzehen dazupressen und unterrühren, würzen.

2 Backofen auf 220 °C vorheizen.

3 Den Pizzateig auf Formgröße ausrollen, in die eingefettete Form legen. Füllung auf dem Teigboden verteilen.

4 Quiche auf der zweituntersten Schiene in den Ofen schieben und bei 220 °C 40 Minuten backen. Heiß servieren.

Blauer Kartoffelsalat [ABBILDUNG]

ca. 700 g blaue Kartoffeln, am besten alte Sorte aus Bio-Anbau
Meersalz
reichlich glattblättrige Petersilie, Blättchen abgezupft und grob geschnitten
1 roter Peperoncino, evtl. entkernt, in feinen Ringen
1–2 Knoblauchzehen, in feinen Scheiben
ca. 6 EL Olivenöl extra vergine

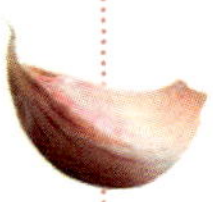

1 Kartoffeln im Dampf weichgaren, 12 bis 15 Minuten. Noch heiß schälen; das ist bei diesen Kartoffeln etwas mühsam, aber Geschmack und Farbe lohnen den Aufwand.

2 Lauwarme Kartoffelscheiben auf eine Platte legen. Leicht salzen, Petersilie, Peperoncini und Knoblauch darüberstreuen, mit reichlich Olivenöl beträufeln.

Tipps Die lauwarmen Kartoffeln zu Fleisch oder zu Weichkäse servieren. Eine Delikatesse. Das Olivenöl muss von guter Qualität sein; bei der Menge nicht sparen.

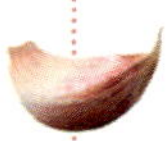

Grüne Erbsen
MIT KNOBLAUCH UND OREGANO

1 kg erntefrische grüne Erbsenschoten
3 EL Olivenöl extra vergine
1 EL Butter
1 kleine Zwiebel, fein gewürfelt
2 Knoblauchzehen
1 EL gehackter Oregano
Meersalz
frisch gemahlener Pfeffer

1 Erbsen aus den Schoten lösen.

2 Zwiebeln und Knoblauch in der Mischung aus Olivenöl und Butter andünsten, Oregano und Erbsen nur wenige Minuten mitdünsten, eventuell wenig Wasser zugeben, mit Salz und Pfeffer abschmecken.

Tipp Die grünen Erbsen passen zu Fisch und Fleisch.

Provenzalisches Gemüse

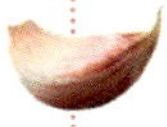

8 EL Olivenöl extra vergine
1 große weiße Zwiebel, klein gewürfelt
6 große Knoblauchzehen, längs halbiert
einige Thymianzweiglein
2 Auberginen
3 Zucchini
2 rote Peperoni / Gemüsepaprika
Meersalz
frisch gemahlener Pfeffer

Zitronensaft zum Servieren

1 Auberginen beidseitig kappen, in Würfel schneiden. Zucchino beidseitig kappen, in Scheiben schneiden. Peperoni halbieren, Stielansatz, Kerne sowie weiße Rippen entfernen, in Streifen schneiden.

2 Zwiebeln in wenig Olivenöl weichdünsten, Knoblauch unterrühren.

3 Eine Bratform mit Deckel einölen. Zwiebel-Knoblauch-Mix auf den Boden streuen, Thymianzweiglein und Gemüse darauf verteilen, würzen, mit Olivenöl beträufeln.

4 Provenzalisches Gemüse im Ofen zugedeckt bei 180 °C etwa 1 Stunde backen.

Tipp Das Gemüse lauwarm mit Baguette servieren.

Variante Gemüse je nach Saison variieren, im Herbst können es Kürbis und Süßkartoffeln sein.

Geschmorte Brüsseler Endivie

«NICOLE» [ABBILDUNG]

4–6 EL Olivenöl extra vergine
4–6 Brüsseler Endivien/
weißer Chicorée
Kräutermeersalz
8 große Knoblauchzehen,
ungeschält

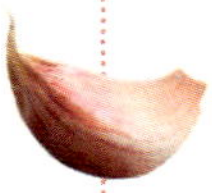

Brüsseler Endivie längs halbieren, den bitteren unteren Teil nicht entfernen, er ist sehr gesund. Brüsseler in eine Bratpfanne mit Deckel legen, mit Olivenöl beträufeln, salzen, Knoblauch dazulegen, zugedeckt bei schwacher Hitze 30 Minuten schmoren lassen, bis die Brüsseler Endivie weich ist, einmal wenden.

Zum Rezept Ich verdanke es meiner Nachbarin Nicole, einer betagten Dame aus der Provence. Ein kulinarisches Highlight.

Variante Mit Radicchio di Verona/Trevisana/Cicorino rosso zubereiten.

Sizilianische Bratkartoffeln

MIT TOMATEN UND KNOBLAUCH

1 kg erntefrische, kleine
Frühkartoffeln
4–6 EL Olivenöl extra vergine
4 große Knoblauchzehen
2–3 EL abgestreifte Rosmarinnadeln, gehackt
1–2 rote Peperoncini,
fein gewürfelt (Brunoise)
12–24 Cherrytomaten
12 schwarze Oliven, evtl. entsteint
Meersalz
1 Bund glattblättrige Petersilie,
Blättchen abgezupft und gehackt

1 Kartoffeln im Dampf etwa 10 Minuten garen.

2 Olivenöl in einer weiten Bratpfanne oder im Brattopf erhitzen, Kartoffeln zugeben und braten, Knoblauchzehen, Rosmarin und Peperoncini zugeben, Kartoffeln langsam goldbraun braten, etwa 15 Minuten. Zum Schluss Cherrytomaten und Oliven zugeben und erwärmen, mit Salz und Petersilie abschmecken.

Tipp Mit einem bunten Blattsalat servieren. Zu den Kartoffeln passt auch Ziegenkäse wunderbar.

Pasta

mit Zucchini und Knoblauch

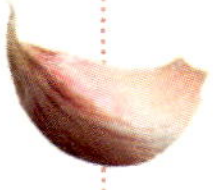

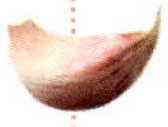

350–400 g Penne oder andere Pasta

4–6 EL Olivenöl extra vergine
2 Zucchini, 400–500 g
4–6 große Knoblauchzehen, längs geviertelt
Salz
frisch gemahlener Pfeffer
20 Basilikumblätter, fein geschnitten
20 Minzeblättchen, fein geschnitten
wenig roter Peperoncino, nach Belieben, in Streifchen

frisch geriebener Pecorino oder Sbrinz

1 Zucchini beidseitig kappen, Zucchini in 2 bis 3 mm dicke Scheiben schneiden. Zucchini und Knoblauch im Olivenöl rund 12 Minuten langsam schmoren, mit Salz und Pfeffer abschmecken.

2 Penne in viel Salzwasser al dente kochen, abgießen.

3 Basilikum, Minze und Peperoncini unter die Zucchini mischen, Penne zugeben, vermengen, sofort servieren. Käse separat servieren.

Zucchini Im Sommer nehme ich sehr junge Zucchini, in diesem Fall sollten es 4 bis 6 Stück sein.

Pikante Spaghetti

500 g Spaghetti

ca. 1 dl / 100 ml Olivenöl extra vergine
2–4 Peperoncini, je nach Vorliebe und gewünschter Schärfe
5–8 Knoblauchzehen, grob gewürfelt
1 großer Bund glattblättrige Petersilie
4 TL trocken geröstete Pinienkerne

geriebener Pecorino oder Sbrinz, nach Belieben

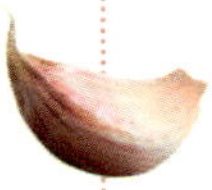

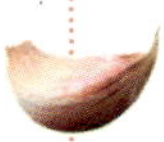

1 Peperoncini aufschneiden, eventuell entkernen, in Würfelchen (Brunoise) schneiden. Petersilie von den Stielen und zupfen und hacken.

2 Spaghetti in reichlich Salzwasser al dente kochen.

3 Knoblauch im Olivenöl gelb (nicht braun) werden lassen, Peperoncini und Petersilie zugeben, nur heiß werden lassen. Sofort mit den Spaghetti mischen, mit den Pinienkernen bestreuen.

Zum Rezept Eines meiner Lieblingsrezepte. Das, was es dazu braucht, habe ich immer vorrätig. Anstelle des frischen Peperoncino kann man getrockneten nehmen, je nach gewünschter Schärfe 2–3 TL einer Trockenmischung. In Italien gibt es entsprechende Produkte auf Märkten im Offenverkauf. Wichtig: Das Olivenöl muss von bester Qualität sein. Es ist das A und O für die himmlischen Spaghetti.

Artischocken mit Aioli

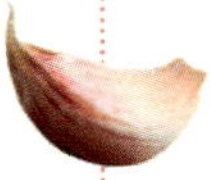

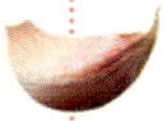

4 große Artischocken
1 Zitrone, halbiert

Aioli
2 Eigelbe
1 TL Senf
2 Knoblauchzehen
2½ dl / 250 ml Olivenöl extra vergine
Salz
frisch gemahlener Pfeffer
½ Zitrone, Saft
2 EL Naturjoghurt

1 Artischocken mit Zitronenhälften in einen großen Kochtopf geben, mit Wasser auffüllen und salzen, aufkochen, Artischocken bei schwacher Hitze 40 bis 50 Minuten köcheln lassen, je nach Größe der Artischocken. Die Artischocken sind gar, wenn man ohne Mühe ein Hüllblatt herausziehen kann.

2 Für die Aioli Eigelbe und Senf glatt rühren, Knoblauchzehen dazupressen. Olivenöl mit dem Handmixer auf höchster Stufe langsam tröpfchenweise einrühren, bis die Sauce andickt. Aioli mit Salz, Pfeffer und Zitronensaft abschmecken. Mit Joghurt verfeinern.

Kürbis aus dem Ofen

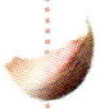

2 Delicata-Kürbisse
Kräutermeersalz
4 EL Olivenöl extra vergine
4 Knoblauchzehen
4 Thymian- oder
Zitronenthmyianzweiglein

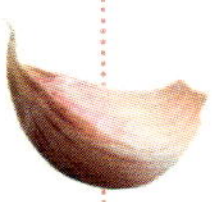

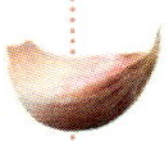

1 Backofen auf 220 °C vorheizen.

2 Kürbisse ungeschält längs halbieren, Kerne mit dem Löffel auskratzen, Kürbishälften in eine mit Backpapier belegte feuerfeste Form legen, mit Kräutersalz würzen, Olivenöl darüberträufeln. Knoblauchzehen in Scheiben schneiden, über die Kürbishälften verteilen, Thymian darauflegen.

3 Form in der Mitte in den Ofen schieben, Kürbis bei 220 °C 30 Minuten backen.

Tipp Die gebackenen Kürbisse sind eine wunderbare Beilage zu Fleisch, Fisch und Kartoffeln. Warm oder lauwarm servieren.

Delicata-Kürbis Er ist einer der besten Kürbisse, wie der Name ja schon verrät. An seiner Stelle kann man auch Mikoshi- oder Butternut-Kürbisse verwenden, die man ungeschält in Scheiben oder Sicheln schneidet. Nadelprobe machen.

Fleisch | Fisch

Kaninchenschenkel

mit Kartoffeln

4 Kaninchenschenkel oder
ein ganzes Kaninchen, zerlegt
6 Knoblauchzehen
1–2 Lorbeerblätter
4 dl / 400 ml Weißwein
2 EL Olivenöl extra vergine
600 g Kartoffeln
Meersalz
frisch gemahlener Pfeffer
1 Peperoncino, fein geschnitten, nach Belieben
4 EL gehackte Kräuter: Thymian, Salbei, Rosmarin, Majoran
einige Salbeizweiglein

1 Kaninchenfleisch, Knoblauchzehen, Lorbeerblätter und Weißwein in eine Schüssel geben, Fleisch im Kühlschrank über Nacht zugedeckt marinieren. Herausnehmen, abtropfen lassen, trocken tupfen.

2 Olivenöl in einem Bräter erhitzen, Kaninchenfleisch rundum anbraten, herausnehmen.

3 Backofen auf 210 °C vorheizen.

4 Kartoffeln schälen und in Scheiben schneiden, in eine Gratinform mit hohem Rand füllen, mit Salz und Pfeffer würzen, Peperoncino und gehackte Kräuter darüberstreuen, Fleisch darauflegen, Salbeizweiglein dazugeben, Weißweinmarinade darübergießen. Form mit Alufolie verschließen.

5 Form in der Mitte in den Ofen schieben, Fleisch bei 210 °C etwa 1 Stunde schmoren lassen. Die Garzeit richtet sich nach der Größe der Fleischstücke.

Peperoncino Beim Peperoncino auf dem Bild handelt es sich um einen Glockenchili, auch Bischofsmütze genannt (Samen von Pro Specie rara).

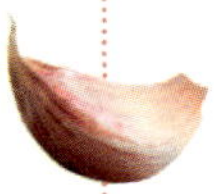

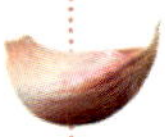

Lammragout

Marokkanische Art [Abbildung]

3 EL Olivenöl extra vergine
500 g Lammragout ohne Knochen
1 große Zwiebel, grob gehackt
6 Schalotten, halbiert
6 ganze Knoblauchzehen
4 Lorbeerblätter
1½ dl / 150 ml Weißwein
1½ dl / 150 ml Lamm- oder Gemüsefond
1 großer Thymianzweig, Blättchen abgezupft
Salz
frisch gemahlener Pfeffer
500 g Kürbis, z. B. Butternut, entkernt, geschält, gewürfelt
1 Dutzend Cashewkerne, trocken geröstet

Ananassalbeiblüten
evtl. frische Minze, fein geschnitten

Fleisch mit Zwiebeln im Olivenöl kräftig anbraten, Schalotten, Knoblauch und Lorbeerblätter zugeben, mit Weißwein ablöschen, einkochen lassen. Lammfond und Thymian zugeben, mit Salz und Pfeffer würzen, 60 Minuten köcheln. Kürbis zugeben, köcheln lassen, bis er weich ist. Cashewkerne unterrühren. Mit Blüten oder Kräutern garnieren.

Tipp Mit Couscous oder Trockenreis servieren.

Miesmuscheln provençale

1 kg Miesmuscheln, geputzt
2 EL Olivenöl extra vergine
1 mittelgroße Zwiebel, fein gewürfelt
3 große Knoblauchzehen, in feinen Scheiben
2 dl / 200 ml Weißwein
frisch gemahlener schwarzer Pfeffer
Salz

1 Handvoll abgezupfte glattblättrige Petersilie, gehackt

1 Muscheln unter fließendem Wasser gut abspülen.

2 Olivenöl erwärmen, Zwiebeln andünsten, Knoblauch kurz mitdünsten, mit Weißwein ablöschen, 5 Minuten köcheln lassen, Muscheln zugeben, zugedeckt 5 Minuten köcheln lassen. Mit Pfeffer und wenig Salz würzen. Petersilie darüberstreuen.

Tipp Muscheln mit Knoblauch-Baguette genießen. Oder gekochte Muscheln mit Schale mit Spaghetti (300 g rohe Spaghetti auf 1 kg Muscheln) vermengen.

Hirschentrecôte

MIT KNOBLAUCH-KRÄUTER-KRUSTE UND RADICCHIO DI VERONA

4 Entrecôte vom Hirsch
oder Lamm- oder Kalbfleisch
Olivenöl extra vergine

Knoblauch-Kräuter-Kruste
3 EL Brotbrösel
2 EL geriebene Haselnüsse
oder Baum- / Walnüsse
1 TL abgezupfte Thymian- oder
Zitronenthymianblättchen
1 junger Rosmarinzweig, Nadeln
abgestreift und fein gehackt
4 Knoblauchzehen, fein
gewürfelt oder durchgepresst
3 Salbeiblätter, fein geschnitten
1 unbehandelte Zitrone,
abgeriebene Schale
1 Eigelb
evtl. wenig Olivenöl extra vergine
2 EL geriebener Sbrinz
Kräutermeersalz

6 EL Olivenöl extra vergine
1 Handvoll Salbeiblätter
8 Radicchio di Verona
4 Knoblauchzehen, ungeschält
Meersalz
frisch gemahlener Pfeffer

1 Für die Kruste alle Zutaten zu einer Paste rühren.

2 Backofen auf 220 °C vorheizen.

3 Für das Gemüse Salbeiblätter in einem Brat- / Schmortopf im Olivenöl braten, herausnehmen und beiseite legen. Radicchio längs vierteln, mit dem Knoblauch in die Salbeipfanne geben, zugedeckt bei schwacher Hitze langsam schmoren, abschmecken mit Salz und Pfeffer.

4 Hirschentrecôtes in der Bratpfanne im heißen Öl auf beiden Seiten anbraten. In eine Gratinform legen und mit der Knoblauch-Kräuter-Masse bedecken und andrücken. Bei 220 °C etwa 8 Minuten überbacken.

5 Entrecôte und Radicchio auf vorgewärmten Tellern anrichten, mit dem Salbei garnieren.

Brotbrösel Weißbrotscheiben entrinden, Brotscheiben tiefkühlen. Gefroren auf der Bircherraffel reiben. Sofort verwenden oder wieder tiefkühlen.

Knoblauchpoulet [ABBILDUNG]

1 Poulet, ca. 1,3 kg
4 Thymianzweiglein
4 glattblättrige Petersilienzweiglein
2 Lorbeerblätter
3–4 Knoblauchknollen, ca. 250 g
Olivenöl extra vergine
1½ dl / 150 ml Weißwein

Baguette

1 Backofen auf 220 °C vorheizen.

2 Poulet mit Salz und Pfeffer würzen und mit Olivenöl einreiben.

3 Knoblauchknollen ungeschält quer halbieren.

4 Poulet in einen Bräter legen, Thymian, Petersilie, Lorbeerblätter und halbierte Knoblauchknollen um das Poulet verteilen.

5 Form in der Mitte in den Ofen schieben, Poulet bei 220 °C 20 Minuten braten, wenden und nochmals 20 Minuten braten. Weißwein zugeben und unter einmaligem Wenden 25 Minuten braten.

6 Das Knoblauchfleisch aus den Zehen drücken, auf die Baguettescheiben streichen.

Dicke Spaghetti mit Bottarga

400 g dicke Spaghetti (Bucati)

5 EL Olivenöl extra vergine
30–40 g Bottarga
2 Knoblauchzehen, fein gewürfelt
1 Handvoll abgezupfte glattblättrige Petersilie, fein gehackt
2 Peperonicini, fein gewürfelt (Brunoise)

1 Bottarga auf einer feinen Reibe reiben, in einem Esslöffel Olivenöl aufweichen. Knoblauch und Petersilie im restlichen Olivenöl dünsten. Peperoncini und Bottarga untermischen. Warm halten.

2 Spaghetti in reichlich Salzwasser al dente kochen. Abgießen. Zum Bottargamix geben, vermengen.

Bottarga Stammt entweder aus Rogen der Meeräsche oder des Thunfischs. Die Eier werden gleich nach dem Fang entnommen, gesäubert und in Salzlake eingelegt, dabei immer wieder gewaschen und wieder gesalzen und geknetet, die Sizilianer nennen es kneten. Danach wird die Masse auf ein Holzbrett verteilt, mit einem Holzbrett zugedeckt und dieses mit Marmorsteinen beschwert und gepresst. Die gepresste Masse wird zwei Monate an der Sonne offen getrocknet. Die sehr harte, kompakte Bottarga wird am besten auf einer Reibe gerieben. Die Bottarga wird auch Kaviar der armen Leute beziehungsweise Kaviar des Mittelmeers genannt. In der Schweiz ist das Slow-Food-Produkt (Bottarga di Orbetello) bei Coop erhältlich.

Lammchops

MIT SÜSSKARTOFFELPÜREE UND KNOBLAUCH-NUSS-SAUCE

8 Lammchops
abgezupfte Majoranblättchen
2-3 Knoblauchzehen, durchgepresst
Olivenöl extra vergine
Senf
Meersalz
frisch gemahlener Pfeffer

wenig Olivenöl zum Braten

Süßkartoffelpüree
600g Süßkartoffel, evtl. gemischt mit Kartoffeln (mehlige Sorte)
2EL Olivenöl extra vergine
2-3 Knoblauchzehen (½-1 TL), fein gehackt oder durchgepresst
Meersalz

Sauce
1 Knoblauchknolle
4 Scheiben altbackenes Brot
1 Zitrone, Saft
50g Baum-/Walnüsse, grob gehackt
5EL Olivenöl extra vergine
Meersalz
frisch gemahlener Pfeffer

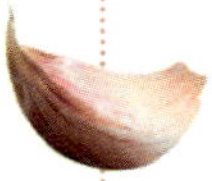

Petersilie für Garnitur

1 Für die Lammchops Majoranblättchen, Knoblauch, Olivenöl und Senf zu einer Paste rühren, mit Salz und Pfeffer abschmecken, Lammchops einstreichen.

2 Süßkartoffeln schälen und in Würfel schneiden, im Dampf weichgaren, 15 bis 20 Minuten. Süßkartoffeln am besten mit dem Kartoffelstampfer zerdrücken oder durch das Passevite/die Flotte Lotte drehen. Olivenöl und Knoblauch unter das Püree rühren, mit Salz abschmecken.

3 Für die Sauce Brot im Wasser einweichen, dann gut ausdrücken. Knoblauch schälen, mit Brot pürieren, restliche Zutaten unterrühren, mit Salz und Pfeffer würzen.

4 In einer Bratpfanne wenig Olivenöl erhitzen, Lammchops auf beiden Seiten wenige Minuten braten.

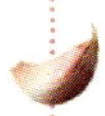

Lachsspiesschen

MIT GRÜNER SAUCE [ABB LDUNG]

2 Bio-Lachsfilets, 600 g
frische Lorbeerblätter
Meersalz
frisch gemahlener Pfeffer
Zitronensaft

4 Spießchen,
z. B. abgestreifte Rosmarinzweige

Grüne Sauce
Minze
glattblättrige Petersilie
3 Knoblauchzehen
Kapern
Olivenöl extra vergine
Meersalz
frisch gemahlener Pfeffer

1 Für die grüne Sauce Minze und Petersilie von den Stielen zupfen, mit Knoblauch, Kapern und Olivenöl zu einer nicht zu feinen Sauce mixen, mit Salz und Pfeffer abschmecken.

2 Lachs in Würfel schneiden. Mit Lorbeerblättern auf Spießchen stecken, mit Salz und Pfeffer würzen, mit Zitronensaft beträufeln.

3 Lachsspießchen auf dem Grill kurz grillen, in einer Bratpfanne in wenig Olivenöl kurz braten. Damit der Lachs nicht austrocknet, muss die Grill-/Bratzeit kurz sein.

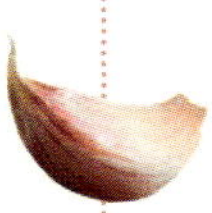

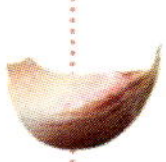

Zicklein

MIT SARDELLEN-KNOBLAUCH-ROSMARIN-KRUSTE

1,2 kg Zicklein / Gitzi,
in Stücke zerlegt
Meersalz / Fleur de Sel
frisch gemahlener Pfeffer
2 EL Olivenöl extra vergine
1½ dl / 150 ml Weiß- oder Rotwein
4–6 Knoblauchzehen
8 Sardellenfilets
4–5 EL Olivenöl extra vergine
reichlich Rosmarinnadeln,
fein gehackt
wenig Gemüsebrühe

1 Backofen auf 180 °C vorheizen.

2 Fleisch mit Salz und Pfeffer würzen. In einem Bräter wenig Olivenöl erhitzen, Fleisch darin kurz anbraten. Wein darübergießen. Bräter in den Ofen schieben, Fleisch bei 180 °C 50 bis 60 Minuten schmoren, immer wieder mit der Flüssigkeit bepinseln, damit das Fleisch nicht austrocknet.

3 Durchgepressten Knoblauch, zerdrückte Sardellen, Olivenöl und Rosmarin zu einer Paste rühren, mit wenig Gemüsebrühe verdünnen.

4 Fleisch 10 Minuten vor Ende der Bratzeit mit der Paste bestreichen und fertig schmoren.

Vaiante Zicklein durch Poulet- oder Kaninchenfleisch ersetzen. Schmorzeit etwa 45 Minuten.

Saucen

Tapenade [ABBILDUNG]

250g entsteinte schwarze Oliven
1 Döschen (30 g) Sardellenfilets
2EL große Kapern (Pantelleria)
2 Thymianzweiglein
3 Zweiglein glattblättrige Petersilie
3 Knoblauchzehen
4–5EL Olivenöl extra vergine

1 Thymian- und Petersilienblättchen von den Stielen zupfen.

2 Alle Zutaten im Cutter fein pürieren oder im Mörser fein zerstoßen.

Tipp Die Tapenade auf geröstete Weißbrotscheiben streichen und zum Aperitif servieren.

Tapenade Eine von vielen Varianten. In der Provence hat jeder sein eigenes Rezept.

Auberginencreme
MIT KNOBLAUCH

600g Auberginen
3 Knoblauchzehen
½ Bund glattblättrige Petersilie, Blättchen von den Stielen gezupft
2EL Tahin
1 unbehandelte Zitrone, wenig abgeriebene Schale für die Garnitur und 3EL Zitronensaft
2–3EL Olivenöl extra vergine
Meersalz
frisch gemahlener Pfeffer
wenig Peperoncino, fein gewürfelt

fein gehackte glattblättrige Petersilie
Granatapfelkerne

1 Backofen auf 150 °C vorheizen.

2 Auberginen mit einer Gabel mehrmals einstechen, auf ein mit Backpapier belegtes Blech legen, mit Olivenöl bepinseln. Im Ofen bei 150 °C 30 Minuten backen. Die Auberginen müssen sehr weich sein. Abkühlen lassen.

3 Auberginen längs halbieren, Fleisch mit einem Löffel aus der Schale lösen und mit den übrigen Zutaten pürieren. Mit Salz, Pfeffer und Peperoncini würzen.

4 Auberginencreme anrichten, mit Zitronenschale, Petersilie und Granatapfelkernen garnieren.

Tipp Mit gerösteten Brotscheiben servieren.

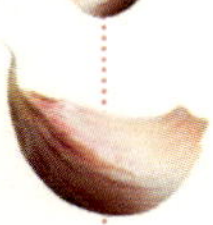

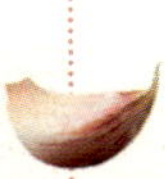

Pesto genovese

1 Handvoll Basilikumblätter, in breiten Streifen
1 EL geriebener Pecorino
4 EL geriebener Parmesan
½ dl / 50 ml fruchtiges Olivenöl extra vergine
2–4 Knoblauchzehen, grob gewürfelt
40 g Pinienkerne
Meersalz

Basilikum, Pecorino, Parmesan und Olivenöl im Mörser zu einer homogenen Masse mörsern / zerstoßen. Pinienkerne und Knoblauch erst gegen den Schluss zugeben und mitmörsern / zerstoßen. Pesto mit Salz abschmecken.

Tipp Rascher und einfacher geht es mit dem Stabmixer, aber dann hat der Pesto eine weniger schöne Farbe.

Mandel-Tomaten-Pesto

5 Knoblauchzehen, grob gewürfelt
1 Handvoll Basilikumblätter, in breiten Streifen
80 g geschälte Mandeln
ca. 5 EL Olivenöl extra vergine
200 g reife Tomaten
Meersalz

1 Tomaten schälen, Seite 76, Stielansatz ausstechen, Tomaten vierteln und entkernen, Viertel in Würfelchen schneiden.

2 Knoblauch, Basilikum und Mandeln im Mörser zu einer homogenen Masse mörsern / zerstoßen, Öl und Tomaten unterrühren, mit Salz abschmecken.

Tipp Der Klassiker aus der toskanischen Küche passt wunderbar zu Pasta.

Basilikum-Knoblauch-Sauce

4 Knoblauchzehen
50 g Weißbrot
8 EL Olivenöl extra vergine
1 Handvoll Basilikumblätter, in Streifen
1 Prise getrockneter Oregano oder 1 Msp frischer Oregano
Meersalz

1 2 Knoblauchzehen längs halbieren, Brot damit einreiben, Brot grob zerpflücken.

2 Eine ganze Knoblauchzehe im Olivenöl andünsten, Brotwürfel zugeben und unter Rühren rösten. Knoblauchzehe herausnehmen, wenn sie braun ist. Pfanne von der Wärmequelle nehmen, restlichen Knoblauch dazupressen, Basilikum und Oregano unterrühren, mit Salz abschmecken.

Tipp Passt zu feinen Nudeln.

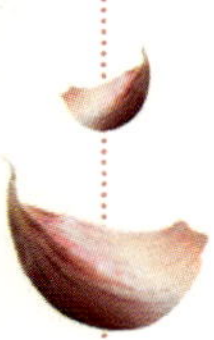

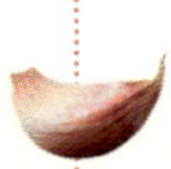

Black olives
Pitted olives
Italian olives
Spanish olives
Garlic olives
Spanish olives

Hummus [ABBILDUNG]

1 Dose Kichererbsen, abgetropft
2 EL Olivenöl extra vergine
3 Knoblauchzehen, durchgepresst
2 EL Naturjoghurt
1 EL Sesampaste (Tahin)
1 Zitrone, Saft
Meersalz

Alle Zutaten zu einer homogenen Paste mixen, mit Salz abschmecken.

Tipp Zu Pitta / Fladenbrot servieren.

Pikante mexikanische Sauce

500 g reife Tomaten
100 g Zwiebeln, grob gewürfelt
2–3 grüne Chilischoten, grob zerkleinert
2 Knoblauchzehen
½ TL gemahlener Kreuzkümmel
½ TL Oregano
Meersalz
3 EL abgezupfter, fein gehackter Koriander oder glattblättrige Petersilie

1 Tomaten schälen, Seite 76, Stielansatz ausstechen, Tomaten zerkleinern.

2 Tomaten, Zwiebeln, Chili und Knoblauch durch die grobe Scheibe des Fleischwolfs drücken oder im Cutter fein hacken. Oder alles von Hand klein würfeln.

3 Tomatensauce würzen, Petersilie unterrühren.

Tipp Mit Fladenbrot servieren.

Klassische mexikanische Guacamole

2 reife Avocados
1 Zitrone oder Limette, Saft
3 Knoblauchzehen
½ TL gemahlener Kreuzkümmel
1 Prise Chilipulver oder
½ rote Chilischote, fein gewürfelt
1 kleine Tomate
3 EL fein gehackter Koriander
Meersalz

Avocados halbieren, Stein herauslösen, Fruchtfleisch mit einem Esslöffel aus der Schale lösen und sofort mit dem Zitronensaft mischen, Avocadofleisch mit einer Gabel fein zerdrücken, Knoblauchzehen dazupressen, mit Kreuzkümmel und Chili würzen. Tomate schälen, Seite 76, Stielansatz ausstechen, Tomate klein würfeln. Tomaten und Koriander unter die Guacamole rühren, mit Salz abschmecken.

Tipp Zur Guacamole passen Fladenbrot oder Maischips.

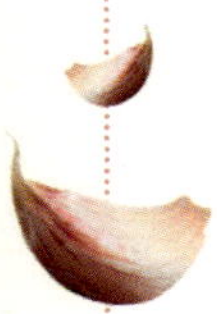

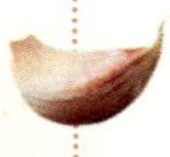

Ligurische Knoblauchsauce

50g Weißbrot, ohne Rinde, gewürfelt
3EL Weißweinessig
4-5EL Wasser
8 Knoblauchzehen, klein gewürfelt
8EL Olivenöl extra vergine
Meersalz
frisch gemahlener Pfeffer
½ Bund glattblättrige Petersilie

1 Brotwürfelchen, Essig und Wasser mischen. Stehen lassen, bis das Brot die Flüssigkeit aufgenommen hat.

2 Brotwürfelchen von Hand gut ausdrücken, mit Knoblauch und Olivenöl zu einer homogenen Sauce mixen (Stabmixer), mit Salz und Pfeffer abschmecken. Petersilie von den Stielen zupfen und hacken, untermischen.

Tipps Zu Spaghetti servieren. Ich koche die letzten zwei Minuten 300g frischen, jungen Spinat mit den Spaghetti, gieße den Topfinhalt in ein Sieb, gebe die Spaghetti in eine vorgewärmte Schüssel und mische sie mit der Knoblauchsauce. Die Knoblauchsauce passt auch zu Grillfleisch.

Knoblauchcreme

2 rote Knoblauchknollen
3½ dl/350ml Milch
Meersalz
frisch gemahlener Pfeffer

Knoblauchzehen schälen, in der Milch weichkochen, mit der Milch pürieren, mit Salz und Pfeffer würzen.

Tipp Passt zu Fleisch, speziell zu gebratenem Lamm, Fisch und Gemüse.

Tzatziki

500g griechischer Joghurt, 10% Fett oder halb Naturjoghurt/halb Crème fraîche
1EL Olivenöl extra vergine
6-10 Knoblauchzehen
1 Freilandgurke
1EL fein geschnittene Minze
Meersalz

Joghurt mit dem Olivenöl verrühren, Knoblauchzehen dazupressen. Gurke schälen, längs halbieren und entkernen, auf der Bircherreibe dazureiben, Minze zugeben, alles gut verrühren, mit Salz abschmecken.

Tipp Zum Tzatziki passen Kartoffeln und Bauernbrot.

Karibische Chili-Zitronen-Sauce

MIT KNOBLAUCH

4 EL Olivenöl extra vergine
4 Knoblauchzehen, fein gewürfelt
4 frische Chilischoten, fein gewürfelt
1–2 unbehandelte Zitronen, abgeriebene Schale einer Zitrone und ¾ dl / 75 ml Saft

Olivenöl erwärmen, Knoblauch und Chili zugeben und 10 Minuten anbraten. Zitronensaft und Zitronenschale unterrühren.

Tipp Passt zu Gemüse-, Lamm- und Fischspießchen.

Rohe Tomaten-Knoblauch-Sauce

750 g reife Tomaten
2 Knoblauchzehen, fein gewürfelt
20 Basilikumblätter, fein geschnitten
0,8 dl / 80 ml Olivenöl extra vergine
Meersalz
frisch gemahlener Pfeffer

1 Tomaten schälen, Seite 76, Stielansatz ausstechen, Tomaten vierteln, gallertartige Masse mit Kernen entfernen, Viertel in Würfelchen schneiden.

2 Tomaten, Knoblauch, Basilikum und Olivenöl mischen, mit Salz und Pfeffer abschmecken. Kühl stellen.

Tipp Die Sauce zu warmer Pasta servieren. An heißen Sommertagen ein Hit.

Sizilianische Tomatensauce

6 reife Tomaten
4 Knoblauchzehen, fein gewürfelt
1 Bund Petersilie, Blättchen abgezupft und fein gehackt, oder 1 Bund Basilikum, Blättchen abgezupft
1 roter Peperoncino, gewürfelt
wenig Stangensellerie, fein gewürfelt
4 EL Olivenöl extra vergine
Meersalz, Pfeffer

1 Tomaten schälen, Seite 76, Stielansatz ausstechen, Tomaten vierteln, gallertartige Masse mit Kernen entfernen, Viertel in Würfelchen schneiden.

2 Sämtliche Zutaten gut mischen, mit Salz und Pfeffer abschmecken, Sauce bei Zimmertemperatur mindestens 2 Stunden zugedeckt stehen lassen. Vor dem Servieren mit Olivenöl verfeinern.

Tipp Die Sauce zu warmer Pasta servieren, zusätzlich Pecorino dazureichen.

Register